INES DAUN

LIEBER LANGE LIEBEN

Eine Scheidungsanwältin erklärt, wie man die Beziehung lebendig hält

Eden BOOKS

Inhalt

»Die Daun«

Ich hatte schon viel von »der Daun« gehört, ehe ich ihr zum ersten Mal begegnete. Dafür hatte mein Ex selbstverständlich gesorgt. Es schien ihm eine gewisse Genugtuung zu verschaffen, bei jeder Gelegenheit eine entsprechende Bemerkung fallen zu lassen – vermutlich wollte er mich schon im Vorfeld unserer Scheidung ein wenig einschüchtern ... So wusste ich zum Beispiel, dass seine Anwältin laut irgendwelcher Zeitschriften zu den Top-Scheidungsanwältinnen in Deutschland zählte. Ich wusste, dass man in ihrer Heimatstadt Nürnberg munkelte, sie hätte einige skandalträchtige und millionenschwere Scheidungen durchgefochten, von denen normale Leute in der *Bunten* oder in anderen bunten Blättern lesen konnten. Und ich wusste, dass meine Schwiegermutter sie für meinen Ex-Mann ausgesucht hatte – und das unmittelbar nach unserer Trennung. Auch klar. Schließlich sollte ihr untreues Söhnchen optimal vertreten werden.

Dabei hatten mein Ex und ich ohnehin vereinbart, dass wir uns friedlich trennen wollten. Schon wegen unserer beiden gemeinsamen Kinder. Allerdings war mir auch klar, dass unser Vorsatz schnell kippen konnte. Schließlich boten zwei Kinder, ein Hund, ein Haus, eine Firma, zwei Autos, unzählige Möbel und eine extrabreite Garten-Hängematte ausreichend Streitpotenzial. Alles, was wir gemeinsam aufgebaut, angeschafft und ausgesucht hatten, mussten wir nun aufteilen.

Für alle, denen eine Scheidung bislang erspart geblieben ist: Ich fand's schrecklich! Plötzlich stritt ich mit demselben Mann, mit dem ich wenige Monate zuvor noch heulend vor Glück im Kreißsaal unseren neugeborenen Sohn im Arm gehalten hatte, darum, wer welches Küchengerät behalten durfte.

Ines Daun sagte später einmal zu mir: »Eine Scheidung ist der größtmögliche private Konkurs.« Genau so fühlte es sich an. Wie ein Tsunami des Scheiterns.

Bei einem gemeinsamen Termin mit meinem künftigen Ex-Mann, seiner berüchtigten Anwältin, die er konsequent ehrfurchtsvoll »die Daun« nannte, und meiner (deutlich weniger berüchtigten, dafür sehr mütterlichen) Anwältin wollten wir nun alles schriftlich festhalten. Wer bekam die Kinder? Den Hund? Die Katzen? Das Haus? Die Firma? Die Hängematte? Wie hoch war der Unterhalt? Und wie lange sollte er gezahlt werden?

Es war absehbar, dass es eine ziemlich ungemütliche Veranstaltung werden würde. Ich hatte mir extra einen Blazer und Pumps angezogen. Als konsequente Jeans-, Tanktop- und Boots-Trägerin fühlte sich dieses Outfit fast wie eine Mini-Rüstung an. Ich wünschte mir wenigstens ein bisschen Schutz, wenn ich meinem Ex und seiner kampflustigen Scheidungsanwältin entgegentreten musste. (Allerdings hätte ich auch in der Rüstung von Richard Löwenherz erscheinen können und hätte mich neben »der Daun«

ungefähr so schlagkräftig gefühlt wie ein eingeschüchtertes Häschen aus dem Sherwood Forest.)

Dabei war das Treffen sogar ein Heimspiel. Es sollte in der Kanzlei *meiner* Anwältin stattfinden, dieser fürsorglichen älteren Dame, die mir bei unserem ersten Termin ein Schälchen Kirschen hingestellt hatte. Sie war mir von einer Nachbarin als kompetente Scheidungsfachfrau empfohlen worden. Allerdings hatte ich nicht das Gefühl, man könne mit ihr große Schlachten gewinnen. Dass ich über einen Wechsel trotzdem nicht nachdachte, lag an meinem Vorsatz, auf gar keinen Fall streiten zu wollen. Ich wollte das alles nur möglichst schnell hinter mich bringen.

Mit Herzklopfen stieg ich am Morgen des Termins in den altersschwachen Fahrstuhl, der mich in die vierte Etage bringen sollte. Und während ich Sorge hatte, er könnte es nicht mehr bis in den vierten Stock schaffen, fragte ich mich zum ersten Mal, ob ich meine Anwältin nicht doch hätte ein bisschen gewissenhafter auswählen sollen … Zumindest wäre mir in diesem Moment vermutlich deutlich wohler gewesen, wenn ich ebenfalls eine starke Kriegerin an meiner Seite gewusst hätte. So fühlte ich mich doch ein wenig schutzlos.

Die dauergenervte Sekretärin vom Empfang verwies mich mit einer lapidaren Handbewegung auf einen klapprigen Holzstuhl im Gang, auf dem ich kleinlaut Platz nahm. Der Stuhl fühlte sich in diesem Moment wie ein mittelalterliches Folterinstrument an. Stocksteif saß ich da und spielte nervös mit dem Verschluss meiner Handtasche. »Ruhig atmen!«, befahl ich mir. »Die Angst einfach weg atmen.« Ich dachte daran, dass mir meine Anwältin bei unserem zweiten Gespräch Tee und Kekse serviert hatte. Immerhin war sie liebevoll! Auch wenn sie eher meinen Beschützerinstinkt weckte, als dass ich mich von ihr beschützt gefühlt hätte. Die Sache war leider offensichtlich: Ich hatte das Gefühl, dass hier zwei Häschen auf den gefürchteten Drachen warteten ...

(Achtung! Wenn Sie sich scheiden lassen wollen, suchen Sie sich unbedingt eine toughe Anwältin! Auch dann, wenn Sie sich *einvernehmlich* trennen wollen!)

Immerhin wurden wir nicht allzu lange auf die Folter gespannt. Kurz nachdem mich meine Anwältin mild lächelnd in ihr gediegenes Besprechungszimmer gebeten hatte, klingelte es. Wenige Sekunden später ertönte eine lebhafte, überlaute Frauenstimme. »Die Daun« ließ sich offenbar nicht von der mauligen Sekretärin einschüchtern. Ihre hörbar hohen Absätze klapperten über den Holzdielenboden – und dann schoss sie auch schon mit meinem künftigen Ex-Mann im Schlepptau um die Ecke. An diesen Moment kann ich mich noch ganz genau erinnern – auch wenn er mittlerweile über fünf Jahre zurückliegt. Frau Daun wirkte fast wie eine Außerirdische in dieser gemütlichen, aber deutlich in die Jahre gekommenen Kanzlei. Sie trug ein figurbetontes schwarzes (und definitiv unverschämt teures) Kostüm. Dazu farblich passende High Heels, unter denen eine Sohle hervorblitzte, die ebenso signalrot leuchtete wie der Lippenstift auf ihren vollen Lippen. Ihre dunklen Haare trug sie zu einem strengen Zopf gebunden. (Sie halten Christine Neubauer für ein Vollweib? Vergessen Sie's!) Diese Anwältin ist der Typ Frau, der einen vollen Raum betritt – und allen bleibt die Luft weg. Sämtliche anwesende Augenpaare haben schlagartig einen neuen Fokus.

Unsicher blickte ich zu der unbeirrt freundlich lächelnden Dame neben mir, dann zu meinem Ex und seiner Kriegerin – und fühlte mich schlagartig so mickrig, dass ich problemlos zwischen jeden Aktenvermerk gepasst hätte, ohne auch nur die kleinste Delle zu schlagen. Zumindest ging das dem Teil von mir so, der gerade gegnerische Mandantin und zu scheidende Ehefrau war, die sich innerlich bereits von der Hängematte und anderen liebgewonnen Dingen verabschiedet hatte ...

Als Journalistin und Autorin dagegen war ich fasziniert von dieser Frau. Ines Daun war witzig, laut und schlagfertig. Und sie dachte und redete mit der Geschwindigkeit einer Maschinengewehrsalve. Bei jedem kritischen Wort sprang sie wie eine Tigerin mit ausgefahrenen Krallen vor ihren Mandanten, meinen Ex-Mann, und bescherte ihm damit eine samtig-weiche Scheidung, die ihm vermutlich wie Marshmallow-Kakao mit Sahne schmeckte.

Und während er wenig später in *seinem* Garten schon wieder frohgemut auf *seiner* Hängematte schaukelte, hielt ich abends zum Einschlafen unseren kleinen Sohn im Arm und fragte mich, wie mir das alles überhaupt hatte passieren können. Wie konnte ich mich so in dem Mann getäuscht haben? Wie konnte er sich so verändert haben? Warum war er überhaupt fremdgegangen? Und was hatte ich falsch gemacht, dass wir miteinander dermaßen gescheitert waren?

Diese Fragen stellte ich auch meinen sämtlichen Freunden, Freundinnen und meiner Mutter. Und zwar regelmäßig.

Ich verstand es nicht. Immer wieder kaute ich es durch, ohne dass es auch nur ein bisschen besser wurde, mich weniger quälte oder weniger verunsicherte. Es war tatsächlich so: Dieses Unverständnis machte mich fertig. Ich traute mir nicht mehr. Und ich traute Mann-Frau-Beziehungen grundsätzlich nicht mehr. Weil ich seine Untreue nicht verstand. Ebenso wenig wie die überraschende Trennung. Woher kam dieser plötzliche Stimmungswechsel? Ich war verletzt und verwirrt. Und hatte meinen Kindern gegenüber große Schuldgefühle, weil ich ihnen nicht die perfekte Familie bieten konnte, die ich ihnen gern geboten hätte.

Gleichzeitig versuchte ich, auch beruflich wieder Fuß zu fassen. Schließlich hatte mein Ex-Mann nicht nur die Hängematte und das Haus behalten, sondern auch die erfolgreich aufgebaute Firma. Und dabei fiel mir dann die Rechtsanwältin Daun wieder ein.

Ziemlich genau zwei Jahre nach meinem Scheidungstermin war ausgerechnet mein Ex-Mann so freundlich, seine Anwältin zu fragen, ob sie sich vorstellen könnte, ein Buch mit mir zu schreiben. Sie hat mich sofort zu sich nach Nürnberg eingeladen.

Und da saßen wir dann. Vor einer großen Kanne ayurvedischem Bio-Tee und einem kleinen Frühstück. Es war natürlich eine etwas merkwürdige Situation – die Scheidungsanwältin mit der geschiedenen Ehefrau ihres früheren Mandanten. Diese Paarung traf sich für gewöhnlich nicht zu gemeinsamen Mahlzeiten.

Zum Warmwerden fragte ich sie, wie sie überhaupt auf ihren Beruf gekommen war. Ines Daun antwortete:

»Ich war schon immer eine Gerechtigkeitsfanatikerin. Deshalb wusste ich schon mit 16 Jahren, dass ich Jura studieren wollte. Ich erinnere mich genau: Damals saß ich neben meiner Mutter im Auto und habe ihr verkündet: ›Ich werde Scheidungsanwältin.‹«

Ganz klar: Es war ihr Traumberuf. Sie wollte nie etwas anderes werden. Dementsprechend glücklich war sie, als sie dann endlich – direkt nach dem Studium – an ihrem Schreibtisch in einer Ecke ihrer kleinen Wohnung ihre ersten Mandate bearbeitete. »Damals war es noch üblich, dass die Frauen das alleinige Sorgerecht bekamen. Ich habe das überhaupt nicht in Frage gestellt. Aber irgendwann geriet ich ins Grübeln: Wenn ich mitbekam, wie Mütter es über Monate erfolgreich vereitelten, dass Väter ihre Kinder sahen. Wenn ich Kinder erlebte, die über den langen Flur vor dem Verhandlungsraum zu ihren weinenden Vätern rannten, um sich an ihnen festzukrallen. Wenn die Kleinen, während ihre Mütter sie in Richtung Ausgang zerrten, verzweifelt nach ihren Vätern schrien. ›Papa, Papa, Papa!‹ Immer wieder ... Nach einer heftigen Woche und einem besonders dramatischen Fall bin ich nachts wach geworden und habe mich übergeben. Denn ich hatte begriffen: Das war nicht gerecht, wie das lief! Danach lag ich die ganze Nacht heulend auf meinem Sofa und wollte meine Zulassung zurückgeben.«

Damals habe sie sich geschworen, anders Anwältin zu sein. Sie wollte wirklich für Gerechtigkeit sorgen. Sie wollte genauer hinhören. Alle Aspekte des Scheidungsverfahrens kennen. Und vermutlich hat genau das sie so erfolgreich gemacht. »Ich sage immer: Die Leute kommen mit gebrochenen Flügeln zu mir. Wenn sie gehen, sollen sie wieder fliegen können. Anders zwar, aber fliegen!«

Gerade erst hat sie eine Frau in der Stadt getroffen, deren Scheidungsverfahren sich mehrere Jahre hingezogen hatte. Eine absolute Horror-Scheidung. Diese Frau saß in der Eisdiele vor einem riesigen Schokobecher. »In ihrem knallblau-weiß gemusterten Kleid strahlte sie mir entgegen und sah dabei unglaublich hübsch aus. Das ist der Sieg. Deshalb liebe ich meinen Beruf.« Frau Daun sah mich an.

Und siehe da: Sie war gar kein Drache! Sie war einfach nur eine verdammt gute Anwältin, die das Beste für ihre Mandanten herausholen wollte. Dafür verbringt sie manchmal bis zu 100 Stunden mit einem einzelnen Mandanten. »Am Anfang ist es immer wichtig, den Konflikt erst einmal aufzuarbeiten. Denn nur wenn meine Mandanten ihre Situation realistisch betrachten können, kann ich gut mit ihnen arbeiten.«

»Was heißt das?«, hakte ich nach. Schließlich ist Frau Daun Juristin und keine Psychologin.

»Ich bin natürlich weder Therapeutin noch Freundin. Trotzdem bringe ich meine Mandanten dazu, sich ihre Situation einmal ehrlich anzuschauen. Ich frage zum Beispiel die verletzten Frauen, wenn sie über ihren untreuen Mann schimpfen, ob sie nur verletzt sind oder ob sie ihren Mann wirklich noch geliebt haben.«

Ich spitzte meine Ohren. Das war genau mein Thema!

Ines Daun redete weiter: »Und die meisten Betroffenen müssen zugeben: Es ist eher die verletzte Eitelkeit als echter Liebeskummer.«

Ich fühlte mich ertappt.

»Außerdem frage ich meine Mandanten«, setzte Frau Daun ihre Erklärung fort, »wie sie sich bei der Hochzeit gefühlt haben. Tatsächlich hatten die meisten schon bei der Eheschließung ein leichtes Bauchgrummeln.«

Noch ein Treffer, was meine Geschichte anging. Unruhig rutschte ich auf meinem Stuhl hin und her. Aber die lebhafte Rechtsanwältin war schon wieder mindestens fünf Punkte weiter: »Ich will meine Mandanten kennenlernen – und bin dabei inzwischen völlig hemmungslos. Sogar ihre sexuellen Vorlieben frage ich ab. Nicht aus Neugier. Damit will ich mir böse Überraschungen bei der Verhandlung ersparen. Denn nur, wenn ich alles weiß, kann ich den Fall richtig einschätzen und eine Lösung finden, die sich für alle Beteiligten gerecht anfühlt – zumindest so gerecht, wie es möglich ist.«

Seit diesem ersten gemeinsamen Frühstück sind inzwischen noch einmal drei Jahre vergangen. Drei Jahre, in denen ich viel mehr über Beziehungen gelernt habe, als in den vergangenen 30 Jahren, in denen ich mich selbst mehr oder weniger erfolgreich mit dem anderen Geschlecht auseinandergesetzt habe. In denen ich mich immer wieder mit meinen beiden besten männlichen Freunden, meinen drei besten Freundinnen oder meiner Mutter unterhalten habe.

Deshalb haben Frau Daun und ich schließlich beschlossen: Wir schreiben keinen Rechtsratgeber. Und keine lustige Anekdotensammlung aus dem oft skurrilen Alltag einer Familienrechtlerin. Wir schreiben einen Beziehungsratgeber! Denn: Wer kennt sich besser mit Beziehungen aus, als jemand, der sich ständig mit ihrem Scheitern beschäftigt? Der jeden Tag sowohl Männer als auch Frauen vor sich sitzen hat, die ehrlich vom Beginn bis zum Ende einer Liebe erzählen.

Ich zumindest habe seit meinen Interviews mit Ines Daun einen ganz anderen Blick auf meinen Ex gewonnen. Erst dadurch konnte ich mit ihm abschließen. Weil ich ihn und unsere Beziehung nun verstanden habe. Gleichzeitig weiß ich meinen neuen Lebenspartner tausendmal mehr zu schätzen. Nach jedem neuen Interviewtermin mit Frau Daun würde ich ihm am liebsten den roten Teppich ausrollen, weil ich mich so sehr über ihn freue.

Und ganz ehrlich: Das alles ist gar nicht so schwer, wenn man das Prinzip einer Mann-Frau-Beziehung erst einmal durchschaut hat und mutig genug ist, sich diesen Wahrheiten zu stellen. Ich zumindest bin aus tiefstem Herzen dankbar, dass ich »die Daun« noch einmal anders kennenlernen durfte. Denn sie hat mein Leben unendlich bereichert.

Allerdings ertappe ich mich auch gelegentlich bei dem Gedankenspiel, was eigentlich gewesen wäre, wenn sie nicht *seine*, sondern *meine* Anwältin gewesen wäre. Wenn sie nicht *meinen Ex*, sondern *mich* durch die Scheidung begleitet hätte. Ich bin mir sicher: Das hätte mir nicht nur zwei Jahre Grübeln erspart. Wäre Frau Daun meine Anwältin gewesen, wäre mir meine Scheidung garantiert nicht als eines meiner schlimmsten Erlebnisse überhaupt im Gedächtnis geblieben. So verrückt es klingt: Meine Scheidung hätte mir vermutlich sogar ein bisschen Spaß gemacht. Zumindest hätte ich bestimmt auch oft gelacht. Ines Daun denkt nämlich nicht nur schnell, sondern auch sehr quer – und das ständig. Mit ihr an meiner Seite hätte ich mich sicher gefühlt. Aufgefangen und beschützt.

Außerdem hätte ich die breite Hängematte noch. Die jetzt im Garten meines Ex-Mannes steht. Vor dem Haus, das er behalten hat. Aber das ist eine andere Geschichte ...

Kerstin Dombrowski im März 2018

1. KAPITEL

Warum Sie beim ersten Date unbedingt einen festen Plan brauchen und wie Sie den geeigneten Lebenspartner überhaupt erkennen

Laura Pichel hatte ihren Mann bereits während ihres Lehramtstudiums kennengelernt. Um ihr Studium zu finanzieren, jobbte sie in den Semesterferien als Hostess für einen Kaffeemaschinen-Hersteller. Eine bildhübsche Frau mit strahlend blauen Augen und langen dunklen Haaren. Sie mochte ihren Job. Weil sie neugierig und aufgeschlossen war und Spaß daran hatte, mit ihren Kaffeemaschinen quer durch Deutschland von einer Messe zur nächsten zu reisen. Bei einem Termin in Berlin kam sie mit einem Mann ins Gespräch, der zufällig – genau wie sie – aus Hessen stammte. Er war ein attraktiver Typ, in dessen welligem Haar, das er locker nach hinten gegelt hatte, sich schon die ersten grauen Haare zeigten. Laura gefiel seine ruhige Art, seine Aufmerksamkeit, wenn er ihr zuhörte. Ihr fielen seine wachen Augen auf, die immer bei ihr waren, aber dennoch scheinbar jede Bewegung im Raum mitbekamen. Vermutlich verheiratet, dachte sie, als sie sich verabschiedeten und er nicht einmal nach ihrer Nummer fragte.

Bei der nächsten Messe – diesmal in Hamburg – trat ein Mann, den sie zuvor noch nie gesehen hatte, unsicher auf sie zu. »Entschuldigen Sie bitte, dass ich Sie anspreche. Aber auf Sie scheint die Beschreibung zu passen. Erinnern Sie sich an den Herrn, mit dem Sie sich auf der Messe in Berlin so nett unterhalten haben? Er ist ein Freund von mir und würde Sie gern zum Essen einladen, wenn Sie zurück in Frankfurt sind …«

Man kann also durchaus sagen, die Beziehung zwischen Laura und Markus hat einigermaßen romantisch begonnen. Laura jedenfalls war selig. Zumal sie sich im fernen Berlin getroffen hatten, obwohl sie keine zehn Kilometer voneinander entfernt wohnten. Nur einen Tag nach ihrer Rückkehr verabredeten sie sich bei einem gemütlichen Italiener, der im Sommer seine kleinen Holztische mit rotweißkarierten Tischdecken in seinen lauschigen Hinterhof stellte. Das Essen schmeckte köstlich. Markus bewies sich erneut als interessierter Zuhörer, er war witzig und charmant und schenkte aufmerksam Wasser nach, sobald Laura ihr Glas geleert hatte. Beim Bezahlen fiel ihm jedoch auf, dass er sein Portemonnaie vergessen hatte. Also zahlte Laura die Rechnung, ohne auch nur eine Sekunde darüber nachzudenken. Kein Problem. Das konnte schließlich jedem passieren. Außerdem hatte sie auf ihrer Messetour gerade gut verdient.

Erst beim zweiten Treffen wurde sie stutzig. Markus und sie hatten sich an einem sonnigen Sonntag zum Kaffeetrinken am Main verabredet. Als Laura gerade ihren zweiten Cappuccino bestellen wollte, drängte Markus plötzlich zum Aufbruch. Bei dem anschließenden Spaziergang bemerkte er ganz nebenbei, dass es doch deutlich günstiger sei, sich zum Kaffeetrinken zu treffen, als wenn man gemeinsam essen ging. Und da dämmerte es ihr allmählich: Sie hatte sich anscheinend einen Geizhals geangelt. Sofort schrillten ihre Alarmglocken. Immerhin hatte schon ihre Oma – ein Kind der Kriegsgeneration – ihr eingebläut: »Wer sparsam mit seinem Geld ist, ist auch sparsam mit seinen Gefühlen.«

Dass er trotzdem Porsche fuhr, verwirrte Laura. Das passte doch nicht zusammen! Schließlich redete sie sich seine Knausrigkeit schön, indem sie sich sagte, dass sie mit einem sparsamen Mann vielleicht auch mal »zu etwas kommen würde«. Sie selbst war nämlich nicht besonders gut im Sparen. Von daher passte es doch eigentlich ganz gut …

Die beiden zogen relativ schnell zusammen – denn das war günstiger. Nur ein Jahr später kam ihre gemeinsame Tochter zur Welt. Weil sie ja nun ein wenig mehr Platz brauchten, beschloss Markus, ein Haus zu kaufen. »Ein schönes Haus, nicht so ein popeliges Reihenhaus«, tönte er. Schließlich legte er viel Wert auf seine Außendarstellung. (Daher auch der Porsche.) Laura freute sich. Denn ihre Rechnung schien aufzugehen: Mit einem sparsamen Mann konnte man eben tatsächlich etwas erreichen ... Leider wurde Markus' Geiz nach dem Hauskauf noch unerträglicher. Fortan weigerte er sich, auch nur einen Cent für seine Tochter auszugeben. Zumal das Kindergeld ja eh auf Lauras Konto ging und nicht auf seins. Deshalb führte er auf seinem Smartphone eine Excel-Tabelle, in die er jedes Glas Wasser eintrug, das Laura oder die kleine Lara unterwegs tranken – das Geld ließ er sich anschließend zurückgeben. Mit einem vorwurfsvollen: »Du hättest ja etwas zum Trinken einpacken können!«

Im Winter weigerte er sich dann, zu heizen, sodass Laura und die kleine Lara oft in dicken Jacken auf dem Boden saßen, um mit vor Kälte steifen Händen Bilder zu malen. Und wenn abends mal Freunde zu Besuch kamen, was selten genug geschah, da Markus sich auch diese Kosten gern sparte, füllte er billigen Wein in die Flaschen teurer Marken, die er irgendwann einmal geschenkt bekommen hatte. Beim Einschenken philosophierte er dann über die »edlen Tropfen«, während Laura sich beschämt fragte, ob sie die leeren Flaschen vom Billig-Discounter auch wirklich alle sicher entsorgt hatte ...

Als Laura dann auch noch dahinterkam, dass Markus eine Affäre mit einer Kollegin begonnen hatte, zog sie schließlich aus.

In meiner Praxis als Scheidungsanwältin erlebe ich seit 23 Jahren ein seltsames Phänomen. Männer kommen zu mir in die Kanzlei und schwärmen in den höchsten Tönen von ihren unglaublich attraktiven und charmanten Ex-Partnerinnen. Anfangs habe ich mich oft gefragt, warum sie sich von diesen großartigen Wesen überhaupt trennen wollen. Da ich diesen vermeintlichen Superfrauen allerdings spätestens beim Scheidungstermin selbst gegenüberstand, habe ich dieses Spiel der Männer schnell durchschaut – und es hat in den seltensten Fällen mit den Verflossenen selbst zu tun.

Es ist wohl eher der Versuch, sich selbst ein wenig aufzuwerten. Schließlich müssen diese Männer ziemlich tolle Kerle sein, wenn sie dermaßen attraktive und tolle Frauen an ihrer Seite hatten. Das war leicht zu durchschauen.

Bei meinen Mandantinnen habe ich ein wenig länger gebraucht. Die sitzen dann nämlich regelmäßig vor mir – intelligent, attraktiv, beruflich erfolgreich, mitten im Leben stehend – und erzählen mir, wie schrecklich doch ihr mittlerweile getrenntlebender Ehemann sei. Oder eben der Mann, von dem sie sich gerade trennen wollen. Sie führen mir in epischer Breite aus, am liebsten stundenlang, wie schlecht er mit den Kindern umginge, wie abfällig er sich über ihre Figur geäußert hätte, obwohl er selbst doch deutlich mehr zugenommen hätte. Dass er schon vor Wochen versprochen hätte, das kaputte Fahrrad zu reparieren, was noch immer nicht passiert sei. Den Rasen habe er auch an diesem Wochenende wieder nicht gemäht. Außerdem hätte er ihr schon wieder nichts zum Geburtstag geschenkt und wäre nicht mit zur Goldenen Hochzeit der Großtante gekommen.

Ohnehin würde er die meiste Zeit nur vor dem Fernseher hängen und sich allenfalls noch aufraffen, um zum Fußballspiel mit seinen Freunden zu gehen, von dem er selbstverständlich nie rechtzeitig, vor allem niemals nüchtern und nur ganz selten geduscht zurückkehrte. Körperpflege sei für ihn ohnehin ein Fremdwort und an Sex könne man sich nur noch dunkel erinnern. Und das war noch längst nicht alles: Selbst die Schwiegereltern benähmen sich alles andere als freundlich und das, obwohl man sich doch immer so aufopfernd um sie gekümmert habe. Mal ganz abgesehen davon, dass der Mann in letzter Zeit wie ein Luchs aufpasse, dass sein Handy nicht irgendwo herumlag. Und da wüsste man ja wohl, was das zu bedeuten hatte ...

In meiner ersten Zeit als Anwältin habe ich diesen hochemotionalen Schilderungen mit einer Mischung aus Staunen und Entsetzen gelauscht und dabei – zutiefst erschüttert – eine Papiertaschentuch-Packung nach der anderen über den Tisch geschoben, damit meine Mandantinnen sich ihre Tränen trocknen konnten. Das war wirklich allerhand, was da in deutschen Ehen abging! Wie oft habe ich mir während dieser Endlos-Aufzählungen die Frage gestellt: Warum haben diese Frauen überhaupt diese Männer geheiratet? Wie konnte es dazu kommen?

Es hat eine Weile gedauert, bis ich die Systematik dahinter verstanden habe. Dabei hat mir geholfen, dass mindestens die Hälfte meiner Mandanten eben genau zu dieser angeblich so grauenhaften, ungepflegten Spezies gehören, auf die meine Mandantinnen schimpfen. Es sind Männer. Vom Handwerker über den leitenden Büroangestellten bis hin zum Vorstandsvorsitzenden eines Millionenkonzerns, Ärzte und Unternehmer. Eine ziemlich bunte Mischung. Und ich glaube, nach meinen 23 Jahren Berufserfahrung und tausenden von Stunden, die ich mit Frauen und Männern über ihre Beziehungen gesprochen habe, sicher sagen zu können: Ich habe verstanden, wie die meisten Männer und viele Frauen in Partnerschaften ticken. Die Erlebnisse, von denen ich Ihnen in diesem Buch berichten werde, und die Schlüsse, die ich daraus gezogen habe, gelten sicher nicht für alle Paare, alle Männer und Frauen; manch einer wird vielleicht denken, dass hier viele Klischees bedient werden, aber dazu muss ich leider sagen, dass ich die Realität in deutschen Partnerschaften zu 90 Prozent genauso erlebe. Gerade Frauen denken in Beziehungen meist viel zu kompliziert. Gleichzeitig haben sie leider viel zu wenig Selbstbewusstsein. Das Schlimmste aber ist: Sie haben bei der Suche nach dem Mann fürs Leben keinen Plan. Stattdessen verlassen sie sich auf ihr Bauchgefühl. Sie agieren völlig irrational. Die meisten Frauen sind vor allem froh, wenn sich ein Mann für sie interessiert. Und damit beginnt das ganze Drama.

Machen Sie sich einen Plan!

Zufrieden schiebt Katarina Wedel den Hermès-Karton ins Regal. Sie tritt einen Schritt zurück und betrachtet die 14 orangefarbenen Boxen beinahe mit Ehrfurcht. Jede Tasche hat zwischen 8.000 und 30.000 Euro gekostet. Andere Leute kaufen sich für den Wert dieser Handtaschen Wohnungen oder sogar Häuser. Bei diesem

Gedanken bekommt Katarina fast einen warmen Bauch. Diese Kartons sind so etwas wie ihre Lebensversicherung. Denn auch gebraucht lassen sich Birkin Bags noch für horrende Summen verkaufen. Ein Verkäufer hat mal zu ihr gesagt, so eine Birkin Bag sei eine sicherere Geldanlage als Gold oder Immobilien. Und Katarina weiß, wie wichtig Geld ist. Als Kind war nämlich nie welches da. Ihre Mutter hatte auch so schon Schwierigkeiten, alleine mit zwei Kindern finanziell über die Runden zu kommen. Katarina musste immer die Klamotten ihrer älteren Cousins und Cousinen auftragen. In der Schule wurde sie deshalb verspottet. Ihre ganze Kindheit über war sie überzeugt davon, dass die großen Playmobil-Packungen in den Spielzeuggeschäften nur von Kindergärten oder Königsfamilien gekauft wurden. Das hatte nämlich ihre Mutter behauptet. Katarina und ihre Schwester bekamen allenfalls mal eine kleine Packung. Zu Weihnachten.

Auch Urlaubsreisen haben sie nie unternommen. Die Klassenfahrt nach Berlin war das Spektakulärste, was Katarina bis zu ihrem Abitur erleben durfte. Als sie gerade mit ein paar Klassenkameradinnen über den Ku'damm bummelte, wurde sie dann von einem Mann angesprochen, der ihr die Visitenkarte einer Modelagentur in die Hand drückte. Fortan träumte Katarina von der großen Modelkarriere. Von New York und Paris. Doch leider wurde sie nur ein paarmal für irgendwelche Modenschauen von kleineren Kaufhäusern gebucht. Bis sie Jörg kennenlernte. Erst da kam ihr

Durchbruch – wenn auch nicht als Model. Jörg lud Katarina nach Florida ein. Nach Mauritius. Auf die Malediven. Er überschüttete sie mit Geschenken. Zahlte ihr ein großzügiges Taschengeld. Unterstütze sogar Katarinas Mutter und half ihrer jüngeren Schwester Paula, einen Job in der Stadt zu finden, in der auch Katarina lebte.

Ihr Handy klingelt. Es ist Jörg: »Alles okay bei dir?«, will er wissen.

»Natürlich!«, flötet Katarina in den Hörer. Dass die Haushälterin soeben gekündigt und Katarina außerdem einen Steinschlag auf der Frontscheibe ihres Minis entdeckt hat, erzählt sie nicht. Auch nicht, dass sie noch immer unschlüssig ist wegen ihres Brautkleids.

Denn das hat Katarina inzwischen verstanden: Sie ist ausschließlich für die positiven Nachrichten da. So lautet der Deal. »Dann ist es ja gut«, redet ihr zukünftiger Mann gleich weiter. »Was ich dir sagen wollte: Ich habe heute Abend noch einen Termin und melde mich, sobald ich von dort losfahre.«

»Alles klar! Ich freue mich auf dich!«, ruft Katarina noch einmal. Dann legt sie auf. Sie ist am frühen Abend mit ihrer Schwester Paula verabredet – umso besser, wenn Jörg später nach Hause kommt. Dann muss sie sich gleich im Fitnessstudio und später mit Paula nicht so hetzen. Denn auch das gehört selbstverständlich zu ihren Pflichten: ihren Körper in Schuss zu halten. Auch wenn das bei ihr nicht – wie bei vielen ihrer neuen Bekannten – explizit im Ehevertrag steht. Es wäre Katarina ein Gräuel gewesen, mit einer Waage unter dem

Arm beim Notar zu erscheinen, um genau festzuhalten, wie viel Gewicht sie maximal zunehmen dürfte. Grundsätzlich haben Jörg und sie natürlich schon einen Ehevertrag. Als Inhaber einer größeren Bäckereikette würde Jörg sie sonst nicht heiraten. »Schließlich habe ich Verantwortung meinen Mitarbeitern gegenüber!«, betont er gern.

Katarina betrachtet ihre makellos manikürten Fingernägel. Sie muss dringend noch einen Termin bei ihrer Nageldesignerin vereinbaren.

Als sie später im Restaurant ihr Handy auf den Tisch legt, wobei der Diamant ihres Verlobungsrings funkelt, bemerkt sie die interessierten Blicke der Männer an den Nachbartischen. Bei dem Kellner, der sich ebenfalls intensiv um Blickkontakt bemüht, bestellt Katarina einen Salat ohne Dressing. Ihre Schwester Paula schüttelt den Kopf.

»Dass dir das schmeckt!«, wundert sie sich. Katarina lächelt. Sie möchte ihrer Schwester nicht erklären, dass sie für ihre Figur auf das Dressing verzichtet. Noch immer genießt sie es, wie sehr ihre »kleine« Schwester sie bewundert. Katarina war immer die Hübschere der beiden. Ein Hingucker. Mit grünen Augen und dunklem Teint, eine exotische Dorfschönheit. Sie schielt auf ihr Handy. Sie darf Jörgs Anruf nicht verpassen.

»Ach, Kati«, seufzt ihre Schwester und erzählt von dem Ärger mit der neuen Erzieherin im Kindergarten und ihrem Verdacht, dass ihr Mann ein Auge auf seine neue Kollegin geworfen haben könnte. Paula hat dunkle

Ringe unter den Augen, weil der kleine Johann in der Nacht plötzlich Magen-Darm bekommen hat. Und nach dem zweiten Glas Wein fängt sie mit einem Thema an, über das Katarina nicht gern redet. »Was ich noch immer nicht verstehe: Bist du nicht unglücklich, wenn du einen Mann heiratest, den du gar nicht richtig liebst?«

Paula selbst hat ihre Jugendliebe geheiratet. Katarina legt ihren Kopf schief, schlägt dann elegant ihre gertenschlanken Beine übereinander und beugt sich zu ihrer Schwester vor. »Bist du denn glücklich mit einem Mann, der sich für seine Kollegin interessiert und nachts weiterschläft, während du die Betten der Kinder neu beziehst?«

Paula guckt zerknirscht. Trotzdem ist sie noch nicht bereit, das Thema zu wechseln. »Aber ist Jörg nicht unglücklich, wenn er weiß, dass du ihn vor allem wegen des Geldes heiratest?«

Katarina zuckt mit den Schultern. »Ich glaube, Jörg ist eher stolz, dass er sich eine Frau wie mich leisten kann«, erklärt sie. »Der Deal ist ein anderer. Und wir verstehen uns ja gut.«

Als Jörg schließlich anruft, springt Katarina sofort auf. »Ich muss los, Süße!«, sagt sie und winkt hektisch nach dem Kellner, der prompt reagiert. Bei der Verabschiedung gähnt Paula.

»Ich bin jetzt auch wirklich hundemüde.«

Und Katarina weiß: Wenn ihre Schwester schlafen geht, beginnt für sie die Arbeit. Dann muss sie »mit sämtlichen Körperöffnungen zur Verfügung stehen« – wie es die angetrunkene Ehefrau eines Geschäftspartners von Jörg einmal so treffend formuliert hat. Man bekommt eben nichts geschenkt im Leben ...

Solche Beziehungen kann man beurteilen, wie man möchte. Fest steht: Katarina hat einen Plan. Sie ist eine auffallend schöne und begehrte Frau – und sich ihrer Vorzüge bewusst. Sie möchte nicht arbeiten, sich aber alles leisten können. Da ist es nur konsequent, sich einen Mann wie Jörg zu suchen, der eine Frau zum Vorzeigen haben möchte, die nicht herummault und schlechte Laune verbreitet, sondern ihm einen schönen Feierabend garantiert. Das passt!

Wenn diese Frauen früher als Mandantinnen vor mir saßen, habe ich mir häufig Sorgen gemacht, wie es für sie denn nun weitergehen könnte. »Sie haben gar keine abgeschlossene Berufsausbildung. Wie wollen Sie denn nun Ihren Lebensunterhalt finanzieren? Mit welcher Art von Arbeit?«, habe ich sie gefragt. Und diese Frauen haben mich angeschaut, als wäre ich verrückt geworden. Weil ich dieses schlimme Wort in den Mund genommen habe: Arbeit. Heute weiß ich: Diese Frauen sitzen vor mir und haben viel eher Mitleid mit *mir*. Denn sie denken: Diese arme Anwältin ist so unattraktiv, dass sie leider arbeiten muss.

Da prallen zwei Welten aufeinander. Deshalb hat es auch eine Weile gedauert, bis ich das Prinzip dieser Frauen verstanden habe: Ihr Problem ist es niemals, eine Arbeit zu finden, die sie finanzieren würde, sondern es geht ausschließlich darum, sich möglichst schnell den nächsten Mann zu angeln, der diese Aufgabe übernimmt.

Wenn ich also heute vor einer solchen Mandantin sitze und sage: »Sie gehen jetzt auf die 40 zu, da müssen Sie sich aber ganz schön ranhalten, noch einen Mann zu finden, der Sie finanziert.« Dann sind diese Frauen nicht beleidigt. Diese Frauen fühlen sich von mir angenommen und gut verstanden. Ich finde das faszinierend. Denn neben ihrer Schönheit sind sie ihren Geschlechtsgenossinnen noch in einem weiteren Punkt deutlich überlegen: Diese Frauen haben sich nämlich genau überlegt, *wie* sie leben wollen. *Danach* suchen sie sich den passenden Mann aus. Und das ist nicht der, der mit den Kleinen beim Laternenumzug »Sonne, Mond und Sterne« singt ...

Deshalb kann ich allen Frauen nur raten, sich an den Katarinas dieser Welt ein Beispiel zu nehmen: *Jede* sollte sich beim ersten Date genau darüber im Klaren sein, *was* sie denn eigentlich will. Will sie Kinder? So sollte sie sich den Mann genau anschauen, ob er denn als Familienvater überhaupt geeignet ist. Die erste wichtige Frage muss also lauten: *Welchen Typ von Mann will ich?*

Wenn der Lebensentwurf einer Frau beispielsweise so aussieht: Haus, Kinder, halbtags arbeiten und so weiter. Dann rate ich ihr dringend von dem smarten Typen ab, der die Welt bereisen will, gern mit seinen Kumpels um die Häuser zieht und selbstverliebt seinen – auch wenn sie ihn noch so attraktiv findet – Astralkörper mit dem Sixpack im Fitnessstudio schindet. Diese Frau sollte dann lieber den vielleicht auf den ersten Blick nicht so hippen, aber zuverlässigen und soliden Typen nehmen, der sich um ihren kaputten Computer kümmert und dessen ganze Welt sich nur um sie dreht, anstatt in der angesagten Szenekneipe abzuhängen.

Aber Vorsicht! Auch in der soliden Ecke kann es ungemütlich werden. Die Frau muss sich fragen, ob sie einen Mann an ihrer Seite haben möchte, der wahnsinnig viel Verständnis für sie hat und deutlich mehr Wert auf sein Privat- als auf sein Berufsleben legt. Oder möchte sie nicht doch lieber einen Partner, der – sollte sie wegen der Betreuung der gemeinsamen Kinder zwei bis drei Jahre zu Hause bleiben wollen – in der Lage ist, die Familie zu ernähren, weil er ausgesprochen karrierebewusst ist? Erstaunlicherweise stellen sich meiner Meinung nach die wenigsten Frauen diese entscheidende Frage: *Was genau will ich überhaupt?*

Und da sollten Frauen grenzenlos ehrlich zu sich selbst sein, auch wenn das vielleicht ein wenig unbequem ist. Denn unter Umständen entspricht dieser Lebenswunsch gar nicht dem Bild, das man selbst von sich hat. Zum Beispiel halten sich doch die meisten Frauen für einigermaßen emanzipiert und selbstbestimmt. Immerhin leben wir inzwischen im 21. Jahrhundert. Bedauerlicherweise haben sich aber die Grundstrukturen zwischen Frauen und Männern kaum verändert. Dementsprechend findet eine Frau, die beruflich sehr erfolgreich ist, eher keinen Mann sexy, der nur zu Hause bleibt und – Entschuldigung, wenn ich es so burschikos ausdrücke – das kotzende Kind wickelt. Leider gilt noch immer der Satz: Macht macht sexy. Auch wenn das unmodern klingt und den heute gängigen Regeln widerspricht. Also auch wenn es vielleicht ein wenig weh tut: *Seien Sie unbedingt ehrlich zu sich selbst!* Überlegen Sie sich nicht, welches

Leben zu Ihrem Selbstbild passt, sondern wirklich zu Ihren intimsten Wünschen und Überzeugungen. Damit ist schon einmal die Grundvoraussetzung für eine erfüllte und erfüllende Lebensbeziehung geschaffen.

Wenn Sie nun also wissen, wie Sie sich Ihr künftiges Leben vorstellen, sollten Sie sich unbedingt auch diese zweite Frage ebenso ehrlich beantworten: *Wie bin ich selbst?*

Ich möchte Sie jetzt auf gar keinen Fall aus Ihrem frischgebauten Wolkenschloss schubsen. Aber eines sollte Ihnen dennoch klar sein: Möchte eine Frau zum Beispiel einen reichen Unternehmer heiraten, lautet eine Grundvoraussetzung hierfür, dass sie Konfektionsgröße 34 bis maximal 36 trägt – und das bis ins hohe Alter. Außerdem sollte sie blond sein. Klingt nach Klischee? Dann schauen Sie sich mal in der Boulevardpresse oder in Ihrem Umfeld Unternehmer an: Da sind mindestens 95 Prozent der Ehefrauen blond, ihre Frisur vorzugsweise der Mode unterworfen, aber häufig auch ganz klassisch langhaarig, gern auch mit einem schicken Bob. Diese Männer wollen und müssen repräsentieren, da passt eine Frau, die den gängigen Schönheitsidealen entspricht, besser in sein Lebensbild, sprich: in seinen Plan.

Außerdem habe ich festgestellt: Diese Damen sind ausgesprochen raffiniert. Sie lassen ihre Männer tanzen wie die Tanzbären. Einfach dadurch, weil sie ihnen das Gefühl geben, großartig zu sein. Sie reden den Herren ständig nach dem Mund. Sagt er: »Ich bin viel älter als du. Aber wenn ich sterbe, wirst du gut versorgt sein.« Dann antwortet sie: »Wenn du stirbst, will ich auch sterben.« Die Frauen nennen das »weibliche Raffinesse«. Ganz ehrlich: Dagegen sind wir Waisenkinder. Diesen Damen geht es ausschließlich um den Status. Und darum, sich perfekt um die Kinder zu kümmern. Das verlangt der Mann dann aber auch! Da werden Himmel und Hölle in Bewegung gesetzt, damit das Kind in den angesagten Tanzkurs kommt, die beste Privatschule besucht und mindestens Ballett, Klavier und Chinesisch lernt. Das ist dann der Job der Frau. Daraus wird ein Affentanz gemacht.

Kennen Sie den Film *Blondinen bevorzugt* mit Marilyn Monroe? Da findet folgender Dialog statt: Ihr künftiger Schwiegervater stellt überrascht fest: »Wie ich sehe, haben Sie sogar Verstand!«

Und Marilyn entgegnet mit ihrem typischen sexy Schmollmund: »Ja, aber nur wenn es brenzlig ist, benutze ich ihn. Die meisten Männer mögen es nicht.«

Das trifft es! Denn diese Männer möchten ausschließlich bejubelt werden. Und da können sie keine Frau gebrauchen, die abends ebenso erschöpft wie sie von der Arbeit kommt und dann noch herumnörgelt, weil die Schuhe im Weg stehen. Stattdessen erwarten diese Männer eine perfekt gestylte Frau, die ihnen die Jacke abnimmt und dann auf ihren High Heels in die Küche tippelt, um sein Abendessen zu holen. Diese Frauen werden Sie niemals schlunzig sehen! In flachen braunen Schnürstiefeln, mit denen in Berlins hippen Szenevierteln mindestens jede zweite Frau herumläuft, würden diese Damen nicht einmal den Müll rausbringen.

Wenn Sie nun aber zu den Frauen gehören, die ihre Schnürstiefel lieben, selbstständig und eher kritisch sind – seien Sie nicht traurig. So ein Leben als Unternehmer-Gattin ist ja nicht für jede erstrebenswert. Ich habe sehr, sehr viele wohlhabende bis superreiche Unternehmer als Mandanten begleitet und festgestellt: Die meisten (!) dieser Männer denken überhaupt nicht daran, ihren Frauen ein verrücktes Luxusleben zu finanzieren. Natürlich gibt es ein paar dieser Superreichen, die sich einen sexy Vamp wie Katarina leisten, weil sie es genießen, wenn im Restaurant sämtliche Männer von den Nachbartischen neidisch zu ihnen herüberstarren, denen dabei beinahe der Speichel aus dem Mund tropft. Während *sie* diejenigen sind, die diese Frau mit nach Hause nehmen. Weil sie es sich leisten können. Das sind dann allerdings auch oft diese Ausnahmefrauen, die selbst ich als Frau dafür bewundere, wie elegant sie ihre Haare in den Nacken werfen und wie verführerisch sie lächeln können, ehe sie auf ihren langen, megaschlanken Beinen an uns vorbeischreiten ...

Und selbst die kriegen, wenn sie einen Multimillionär zum Ehemann haben möchten, zunächst einmal einen entsprechenden Ehevertrag vorgelegt. In dem ist dann genau geregelt, dass sämtliche Vermögenswerte im Falle einer Scheidung außen vor bleiben. Im besten Fall bekommt die Frau für einige Jahre etwas Ehegattenunterhalt und vielleicht noch eine kleine – und ich meine wirklich sehr kleine – Abfindungssumme. Das war's dann.

Und noch etwas zur Beruhigung: Auch die meisten dieser reichen Männer bekommen geradezu Schnappatmung, wenn eine Frau mit ihnen in der Münchner Maximilianstraße vor den entsprechenden Labelgeschäften stehenbleibt und den Wunsch äußert, sie hätte gern eine Handtasche für 2.000 Euro ...

Aus meiner Erfahrung läuft es in der Praxis meist wie folgt ab: Die Villa ist Eigentum des Mannes. Die reizende Gattin ist selbstverständlich pro forma in der Firma angestellt, damit sie bei der gesetzlichen Krankenkasse versichert ist. Bilden Sie sich ja nicht ein, dass sie privat versichert wäre! Dieses Privileg genießt nämlich nur der Ehemann in dieser Beziehung. Außerdem darf die Frau ein Auto fahren, das aber nicht ihr gehört und das sie sich auch nicht mehr leisten kann, wenn sich der Ehemann ihrer erst einmal entledigt hat. Immerhin bekommt sie die obligatorischen 1.500 Euro monatliches Haushaltsgeld. Und wenn sie damit recht sparsam ist, reicht es vielleicht sogar irgendwann für eine hübsche Kopie der Hermès Birkin Bag, die Frauen wie Katarina in ihrem Ankleidezimmer stapeln. Dass diese Unternehmer-Gattin selbstverständlich immer schlank sein und Sport treiben muss und deshalb nichts essen darf, versteht sich für diese Männer von selbst. Wenn Sie, liebe Leserin, zu den Frauen gehören, die sich ein solches Leben wünschen, und erkennen, dass Ihnen beim ersten Date ein entsprechendes Prachtexemplar gegenübersitzt: So greifen Sie zu! Ansonsten nehmen Sie bitte schnell Reißaus.

Frauen, die einen Plan haben, scheitern nach meiner Erfahrung seltener. Zumindest habe ich sie nicht besonders häufig in meiner Kanzlei sitzen – und das spricht zweifelsfrei für ihren Erfolg. Und selbst wenn diese Frauen scheitern, dann weniger schlimm. Weil sie nicht ratlos vor mir sitzen und fragen: »Wie habe ich mich nur so sehr irren können?«

Interessanterweise höre ich genau das auch von Männern sehr selten. Und das nicht nur deshalb, weil sie sich gut darstellen wollen. Die meisten Männer haben ebenfalls einen Plan. Von den absoluten Alphatieren zum Beispiel habe ich schon oft gehört, wie umwerfend sie beruflich erfolgreiche Frauen finden. Trotzdem würden nur die wenigsten eine solche Frau heiraten oder mit ihr eine dauerhafte Beziehung führen. Denn, wie ich immer zu sagen pflege: Es denkt, es spricht und – der Albtraum für solche Männer – es *wider*spricht und kritisiert obendrein auch noch. Deshalb sind solche Frauen für das erfolgreiche Alphamännchen zwar ganz unterhaltsam und es reizt natürlich auch die Herausforderung, »dieses Wild zu jagen und zu erlegen«. Auf Dauer sind solche Frauen für diese Alphatierchen aber viel zu anstrengend, aufregend und – am allerschlimmsten – mit der Gefahr verbunden, sie könnten ihn womöglich noch übertrumpfen, beruflich wie privat. Stattdessen suchen sich solche Männer lieber eine Frau, die ihnen zuverlässig unterlegen ist.

Männer wählen ihre Frauen zumeist nach ganz rationalen Gesichtspunkten. Frage ich zum Beispiel männliche Mandanten, warum sie sich damals für ihre Frau entschieden haben, so klingt das meistens nicht besonders romantisch. Dafür müssen sie aber auch nicht so lange nachdenken wie meine Mandantinnen. Meist erzählen sie mir ganz nüchtern: Sie wollten eine sportliche und attraktive Frau, ihre jetzige Ehefrau hätte diese Voraussetzungen erfüllt. Außerdem wollten sie sich ganz ihrer Karriere widmen und aus diesem Grunde eine Frau, die daheimbleibt und sich um Haus, Hof und Küche kümmert.

So einfach ist das.

Achtung: Nicht nur der Lebensplan, auch der Partner muss passen!

Armin Petzold war Künstler. Zumindest sah er sich so. Als mäßig erfolgreicher Filmemacher reiste er von einem Filmfestival zum nächsten und hoffte darauf, irgendwann – endlich! – als wahnsinnig talentierter Regisseur erkannt zu werden. Tatsächlich hatte er auf ein paar kleineren Festivals schon einige unbedeutende Preise gewonnen, die er aber feierte, als seien es Oscars gewesen. Um sein Leben zu finanzieren, bot er regelmäßig Drehbuchkurse an, in denen meist weniger talentierte Schreiber langweilige Geschichten verfassten, die sie selbst für irrsinnig spannend hielten. Eigentlich konnte man die Kursteilnehmer in zwei Gruppen teilen: in die Gelangweilten und in die Frustrierten. Annika Küller gehörte eher in die zweite Kategorie. Sie hatte sich für diesen Kurs angemeldet, weil sie keine Lust mehr auf ihren eintönigen Job in der Pressestelle eines gemeinnützigen Vereins hatte. Sie wollte sich endlich selbstverwirklichen! Mutig sein! Verrückte Dinge tun! Dementsprechend fasziniert war sie von Armin. »Er ist ein Freigeist!«, schwärmte sie bei ihren Freundinnen.

Dass er sie bereits bei ihrer ersten Verabredung versetzte, weil er gerade so im Schreib-Flow für ein wahnsinnig erfolgversprechendes Projekt gewesen war, sah sie ihm nach. So waren Künstler eben! Als er sich tagelang nicht meldete, nachdem sie ihm per WhatsApp geschrieben hatte, dass ihr Opa gerade gestorben war, war sie trotzdem ein wenig enttäuscht. Sie verzieh ihm aber, als er bei ihrem nächsten Treffen in seiner chaotischen Künstler-Wohnung eigenhändig Sushi für sie zubereitete, weil sie das so gern mochte.

»Ich habe fünf Stunden in der Küche gestanden. Nur für dich«, säuselte er treuherzig, während er ihr sechs mickrige Stück Sushi unter die Nase hielt. Dass sie davon nicht satt wurden, war ihr egal. Dafür hatten sie danach sensationellen Sex. Ein paar Tage später bittet er Annika, seine Steuer zu zahlen. Er sei momentan doch etwas knapp bei Kasse …

Insgesamt erschien Armin Annika zwar etwas lebensuntauglich, aber unglaublich liebenswert. Und verspielt! Wenn sie gemeinsam seine kleinen Nichten und Neffen besuchten, zogen die ihn sofort in ihr Kinderzimmer, wo er mit ihnen mindestens für die nächste Stunde komplett in phantastische Spielwelten abtauchte. Ein toller Vater!, dachte Annika.

Ein paar Jahre später hatte sich ihre Einstellung diesbezüglich ein wenig verändert. Annika arbeitete noch immer in der Pressestelle. Schließlich konnten ja nicht beide ihre Träume verwirklichen, einer in der Beziehung brauchte einen sicheren Job – und das war eben Annika.

Armin jagte weiterhin seinen Hollywood-Träumen nach und vertröstete Annika damit, dass er irgendwann ganz groß rauskommen würde.

Als Annika an einem Tag besonders großen Stress bei der Arbeit hatte, ihr Chef ohnehin schon ein wenig angefressen war, weil sie mit der Organisation einer größeren Presseveranstaltung deutlich in Zeitverzug geraten war und dann auch noch der Kindergarten anrief, weil Armin mal wieder vergessen hatte, den zweijährigen Paul abzuholen, hätte sie heulen können. Armin war natürlich mal wieder nicht erreichbar. Und so raste Annika von der Arbeit zum Kindergarten und wieder zurück ins Büro, um weiter die Veranstaltung zu organisieren, während Paul ihre Schubladen ausräumte – Geld für die Kinderfrau war in diesem Monat keins mehr übrig. Weil Armin ja diese unglaublich teure Recherchereise durch Tasmanien machen musste. »Für sein wahnsinnig erfolgsversprechendes neues Filmprojekt«, wie Annika vor Freunden und Familie immer wieder betonte.

Annika wollte Kinder und sie wollte ihre Träume leben. Da erschien ihr der freigeistige, verspielte Armin als der perfekte Mann, um sich diesen Lebenswunsch zu erfüllen. Hätte sie genauer hingeschaut, hätte sie allerdings gleich erkannt: Armin war absolut nicht alltagstauglich und definitiv die schlechteste Wahl für eine bodenständige Frau mit Kinderwunsch. Zwar passte er durchaus zu ihrem Plan – er war nur leider der falsche Typ dafür. Wäre Annika ehrlich zu sich selbst gewesen, hätte sie das schon bei ihrer ersten Begegnung erkannt und sich schnell vom Acker gemacht. Stattdessen hat sie alles getan, um einem Mann zu gefallen, der überhaupt nicht zu ihr passt.

Dieses Phänomen erlebe ich häufig. Dabei ist es mir völlig unverständlich, warum sich die Frauen in der heutigen Zeit noch immer so verbiegen. Das haben sie doch gar nicht nötig! Sie sind klug, tatkräftig, attraktiv und ihr ganzes Leben steht vor ihnen. Trotzdem vergeuden sie Jahre und Jahrzehnte mit Blödmännern, deren Dummheit, archaische Strukturen, Familienuntauglichkeit, Arroganz oder Borniertheit sie eigentlich schon beim ersten Date erkannt haben. Doch anstatt sich blitzschnell zu verabschieden, passen viele Frauen sich ihren Männern bis zur Selbstverleugnung an, nur damit sie einen Kerl bekommen, der ihnen überhaupt nicht guttut. In meinem weiteren Bekanntenkreis gibt es eine Frau, die die Perfektion dieses Spiels geradezu auf die Spitze treibt. Sie ist das reinste Chamäleon. Eine Zeit lang war sie mit einem Tennistrainer liiert und fing prompt an, selbst Tennis zu spielen. Es gab für sie kein anderes Thema mehr. Danach ließ sie sich mit einem Mann ein, der Nahrungsergänzungsmittel verkaufte. In den folgenden Wochen versuchte sie, jedem seine Pillen aufzuschwatzen, und fütterte sogar ihr Kind aus einer vorangegangenen Beziehung damit. Danach kam eine Öko-Phase, in der sie auf vegane Ernährung umstieg und aus der Wolle ihrer selbstgezüchteten Schafe Pullover strickte. Ein paar Monate später besuchte sie plötzlich verruchte Sex-Partys in irgendwelchen abgelegenen Schlössern und zog ansonsten jeden

Abend in sexy Klamotten durch die angesagten Münchner Bars, um kurz darauf aufs Land zu ziehen, wo sie Spargel anbauen und Jagdkleidung verkaufen wollte … Je nachdem, welchen Mann sie gerade an ihrer Seite hatte, verlagerte sie ihre Interessen. Mit dieser Frau muss ich kein einziges Wort wechseln: Ich sehe sofort, wenn sie einen neuen Partner hat. Das ist natürlich ein extremes Beispiel. Aber selbst in abgeschwächter Form halte ich diese Form von Selbstverleugnung nicht nur für falsch, sondern sogar für gefährlich. Sie führt ziemlich sicher immer wieder zum großen Desaster, im schlimmsten Fall dazu, irgendwann alkohol- oder tablettenabhängig in einer Nervenklinik zu landen. Ich habe sehr viele weibliche und einige männliche Mandanten, die genau diesen Weg gegangen sind, weil sie viel zu lang komplett entgegen ihrer eigentlichen Bedürfnisse gelebt haben. Verrückterweise müssen meine Mandanten meistens zugeben, dass sie genau das bereits bei ihrer ersten Begegnung gespürt haben. Wenn ich beispielsweise frage, wie ihr erster Eindruck von ihrem Partner war, war der häufig gar nicht besonders positiv. Manche Männer erzählen sogar, dass ihre spätere Frau ihnen auf den ersten Blick geradezu unsympathisch erschien. Und die Frauen sagen, dass ihr späterer Mann womöglich sogar arrogant oder eiskalt auf sie gewirkt hat. Meist hake ich dann erstaunt nach, warum sie sich dennoch in ihn verliebt haben. Und auch jetzt gibt es wieder gewaltige Unterschiede zwischen den Geschlechtern. Die meisten Männer schauen mich überrascht an: »Sie war sehr hübsch, und ich dachte, sie würde eine gute Mutter sein.« Sie hat eben zum Lebensplan gepasst.

Die meisten Frauen dagegen schauen mich mit großen Augen an und müssen dann erst einmal lange überlegen. Um irgendwann zu dem absurden Schluss zu kommen, dass sie ausgerechnet das am attraktivsten fanden, was sie heute am meisten nervt. Fanden sie beispielsweise früher seine Berechenbarkeit liebenswert, empfinden sie ihren Mann heute als langweilig. Mochten sie früher seine Spontaneität, nervt sie heute seine Sprunghaftigkeit. Liebten sie zu Beginn seine grenzenlose Abenteuerlust, strengt sie heute seine übertriebene Risikobereitschaft an. Das Problem, das ich dahinter immer wieder erkenne: Zwar ziehen sich Gegensätze durchaus an, meine Erfahrung ist trotzdem eher, dass Paare, die in den grundlegenden Strukturen deckungsgleich sind – also in Bezug auf ihre familiäre Herkunft, Werte und berufliche Ausbildung – grundsätzlich bessere Chancen haben, eine erfüllte und glückliche Ehe zu führen.

Meine These unterstützt eine Studie aus Indien, von der ich neulich in einer Zeitschrift gelesen habe. Dazu muss man wissen, dass es in Indien häufig noch arrangierte Ehen gibt, bei denen die Eltern vorzugsweise einen Partner wählen, der aus derselben gesellschaftlichen Schicht stammt. Das interessante Ergebnis: In den ersten fünf Jahren waren die Paare, die sich ineinander verliebt und deshalb geheiratet haben, deutlich glücklicher miteinander. Das änderte sich allerdings nach ziemlich genau fünf Jahren. Dann empfanden eher die Paare ihre Ehe als erfüllend, deren Ehen arrangiert worden waren. Also die Menschen, deren grundlegende Strukturen sich weitestgehend glichen … Nicht falsch verstehen – ich propagiere hier keinesfalls die arrangierte Ehe! Ich empfehle lediglich, den Lebenspartner klug und kritisch, nämlich passend, auszuwählen.

Sie haben Ihren perfekten Lebenspartner womöglich schon gefunden? Glückwunsch! Aber auch wenn Lebensplan und Partner grundsätzlich passen, ist das noch kein Grund, sich entspannt zurückzulehnen. Denn noch etwas anderes ist absolut wichtig, um eine glückliche Beziehung zu führen – und das wird Ihnen auf den ersten Blick selbstverständlich erscheinen. Das ist es aber nicht. *Er muss Sie auch wirklich wollen!* Sie denken, das sei doch klar? Weil er sich mit Ihnen trifft, mit Ihnen schläft, Sie vielleicht sogar heiratet? Was für ein fataler Trugschluss! Denn: Der Mann an sich ist bequem. Ein echter Energiesparer. Er möchte sich nicht besonders anstrengen müssen, wenn es sich irgendwie vermeiden lässt – es sei denn, er hat sich gerade schwer in eine Frau verliebt, die ihn ackern lässt. Das bedeutet im Umkehrschluss: Ein Mann ist leichte Beute, wenn eine Frau *ihn* wirklich haben will. Zumindest eine Frau, die zumindest ungefähr seinem Beuteschema und seinem Lebensplan entspricht (und die nicht gerade das Pech hat, dass eine noch attraktivere Partnerin zur selben Zeit seinen Weg kreuzt).

Auch hier lohnt sich ein Blick auf das erste Zusammentreffen. Wenn ein Mann Sie wirklich haben will, setzt er Himmel und Hölle in Bewegung, damit er Sie auch bekommt – und zwar nicht nur ins Bett, sondern als Lebenspartnerin an seine Seite. Ich habe mal von einem

Mann gehört, der seiner zukünftigen Frau, von der er wusste, dass diese wahnsinnig gern Kekse isst, ganz köstliche Plätzchen gebacken hat. Und zwar nur die Buchstaben, die die Worte »Ich liebe dich« ergeben. Oder denken Sie mal an die Fernsehsendungen, die derzeit laufen. Was für atypische Heiratsanträge sich die Männer einfallen lassen. Ob im Heißluftballon oder unter Wasser – nur um die Frau ihres Herzens für sich zu gewinnen. Nun ist natürlich nicht jeder Mann so waghalsig oder kreativ, um sich etwas Besonderes einfallen zu lassen. Trotzdem sollte er die Frau doch zumindest fragen, was ihr Lieblingsessen ist, wenn sie sich zum Essen verabreden. Er sollte sie in ihr Lieblingscafé beziehungsweise Lieblingsrestaurant ausführen – und zwar ordentlich gekleidet und frisiert. Nicht in den Arbeitsklamotten oder in den schlammigen Schuhen vom letzten Waldspaziergang. Anschließend sollte er sie selbstverständlich anrufen oder WhatsApp-Nachrichten, SMS oder was auch immer schicken. Ich kann Frauen nur raten: Hüten Sie sich davor, dass Sie hier zu viel Initiative ergreifen! Meiner Erfahrung nach kann das kein Mann auf der Welt wirklich leiden. Meine Mandantinnen, die Himmel und Hölle in Bewegung gesetzt haben, um ihren Mann zu bekommen, die ihm im wahrsten Sinne des Wortes hinterhergelaufen sind, wurden im besten Fall zwar geheiratet und sind damit vordergründig zu ihrem Zielergebnis gekommen. Im Nachgang aber sind sie kläglich gescheitert, da die Männer sie nicht so behandelt haben, wie sie es sich gewünscht haben. Damit meine ich nicht, dass diese Frauen nicht auf Händen getragen, auf Rosen gebettet und jeden

Morgen mit einem Cappuccino geweckt worden wären, auf dessen Milchkrone ein Herz schwamm. Nein, diese Frauen wurden respektlos, gleichgültig oder sogar richtig schlecht behandelt. Nach Strich und Faden betrogen. Regelmäßig beschimpft. Absolut vernachlässigt. Im schlimmsten Fall sogar geschlagen.

Wenn sich also eine Frau einen Mann fürs Leben wünscht, dann muss sie sich einen suchen, der sie auch wirklich, wirklich haben möchte. Keinen, der sich einfach nicht gewehrt hat. Und Männer sollten wirklich, wirklich nur die Frau heiraten, die sie auch wirklich unglaublich, überragend und sensationell finden. Erst kürzlich habe ich wieder beim Einkaufen einen Mann beobachtet, der desinteressiert seiner Frau hinterher getrabt ist, während sie den schweren Einkaufskorb schleppte. Ganz ehrlich: Einen solchen Typen können Sie vergessen! (Es sei denn, er hat ein schweres Rückenleiden, das ihn vom Tragen abhält ...) Seien Sie ehrlich zu sich selbst und erkennen Sie, wenn er Sie eigentlich gar nicht haben will.

Erkennen Sie also Anzeichen von Gleichgültigkeit bei Ihrem Date, sollten Sie keinerlei Energie mehr auf den Mann verschwenden. Es hat keinen Sinn. Er wird sich nicht ändern. Und er wird sich auch nicht mehr in Sie verlieben. Da können Sie genauso gut versuchen, in High Heels den Mount Everest zu besteigen. Diese Aktion ist völlig sinnlos. Stattdessen sollten Sie sich lieber interessanteren Themen widmen – wie zum Beispiel Kunst, Kultur oder Politik. Und mit etwas Glück lernen Sie dabei einen Mann kennen, der wirklich nur eins will: nämlich *Sie*.

Fazit: Nur wenn die Grundeinstellung passt, haben Sie als Paar eine Chance!

Wenn ich von Alleinstehenden den Satz höre: »Ich finde einfach nicht den richtigen Partner!«, halte ich das für den allergrößten Unfug. Eigentlich müssten diese Leute nämlich sagen: »Ich selbst habe mich noch nicht gefunden und keine konkreten Zielvorstellungen. Ich weiß nicht, was ich will, und bin deshalb wie ein kleines Segelboot auf stürmischer See. Ich lasse mich treiben, im schlimmsten Fall von einem Märchenprinzen zum nächsten Märchenprinzen, die sich dann leider alle als schreckliche Kröten entpuppen.«

Es geht nicht darum, irgendeinen Partner zu finden, weil man nicht mehr allein sein will. Das Ziel sollte eine glückliche und erfüllte Partnerschaft sein. Viele der Menschen, die weinend vor mir sitzen, jahrelang streiten und in langwierigen Scheidungsverfahren ihre Lebensenergie und ihr Geld verschwenden, um ihren Partner wieder loszuwerden, hätten sich den Ärger oftmals sparen können, wenn sie bei der Wahl ihres Partners genauer hingeschaut hätten. Passt er zu meinem Lebensplan? Will er das Leben so leben, wie ich es mir vorstelle?

Seien Sie also aufmerksam, verkaufen Sie sich nicht unter Wert und stürzen Sie sich nicht nach dem ersten Date in eine Beziehung, nur damit Sie nicht alleine sein müssen! Lassen Sie sich nicht einreden, dass Ihre biologische Uhr tickt! Sonst tickt bei Ihnen bald eine ganz andere Uhr: nämlich die der alleinerziehenden Mutter ohne Geld trotz Vollzeitstelle, ständig überfordert, immer im Stress und vom Kindesvater alleingelassen.

2. KAPITEL

Warum Sie genau hinhören müssen, wenn er über seine Ex spricht, und auf welche Warnsignale Sie sonst noch achten sollten

Heike von Wentzel war aufgefallen, dass ihr Mann Benno sich in den vergangenen Wochen verändert hatte. Seine neueste Idee war, den praktischen 5er BMW Kombi zu verkaufen und sich stattdessen einen schnittigen A7 zuzulegen. Er hatte mit dem Motorradführerschein begonnen und sich sogar im Fitnesscenter angemeldet. »Ein klassischer Fall von Midlife-Crisis!«, scherzte Heike mit ihren Freundinnen. Schließlich war ihr Benno gerade 45 Jahre alt geworden und man kannte das ja vom Hörensagen: In der Midlife-Crisis hatten die Männer dann schlagartig das Gefühl, dass sie alt wurden.

Heikes Freundin Mona warnte: »Als nächstes versucht er sich dadurch zu verjüngen, dass er sich mit Frauen schmückt, die regelmäßig für seine Töchter gehalten werden.«

Heike winkte ab. So etwas kam für ihren Benno nicht in Frage. »Dazu sind wir viel zu frisch verheiratet!« Im Sommer hatten sie gerade ihren fünften Hochzeitstag auf Sylt gefeiert. Außerdem erinnerte Heike ihre Freundin daran, wie intensiv Benno sie seit ihrem ersten Zusammentreffen auf der Geburtstagsparty eines Kollegen umworben hatte. Er hatte ihr, der erfolgreichen Künstlermanagerin, die sich fast hauptsächlich mit den Schönen, Berühmten und Reichen des Landes umgab, Blumen in die Hotels geschickt, in denen sie nächtigte. Er hatte ihr romantische Briefe geschrieben. Briefe! Nicht Mails! Er hatte geschworen, dass sie die Liebe seines Lebens sei, sodass auch Heikes Freundin Mona schließlich zugab: »Stimmt schon. Benno hängt auch viel zu sehr an dir.« Tatsächlich hielten es alle für extrem unwahrscheinlich, dass ausgerechnet der unscheinbare Benno, Inhaber einer Firma für medizinische Geräte, seine schillernde Heike betrügen könnte.

Am nächsten Tag bat er Heike, ihn abends um Punkt 18 Uhr anzurufen. Heike wunderte sich ein wenig. Sie glaubte, er hätte eine Überraschung für sie, auch wenn Benno gar nicht so der Typ für Überraschungen war. Dementsprechend neugierig lauschte sie in den Hörer.

Tatsächlich hob schon nach einmaligem Tuten jemand ab. Heike von Wentzel stockte der Atem. Völlig unverhofft ließ ihr Ehemann sie beim Liebesspiel mit einer anderen Frau zuhören.

Ich bin kein Scheidungskind. Dass ich unbedingt Familienrechtlerin werden wollte, hatte einen ganz anderen Grund: In mir hallte Alice Schwarzers lauter Ruf nach Gleichberechtigung nach. Ich fand genau wie sie: Frauen sollten unabhängig sein, mutig und stark. Zu dieser Zeit lebten allerdings die meisten Frauen noch dieses klassische Modell aus dem goldenen Zeitalter der Ehe, in dem es üblich war, dass der Mann arbeitete und die Familie finanziell versorgte, während die Frau Haus, Kind und Garten hütete. Schon als Jugendliche fand ich es unerträglich, dass so viele Paare sich augenscheinlich verachteten – und trotzdem zusammenblieben. Damals gab es dafür hauptsächlich zwei Gründe: Erstens waren Scheidungen gesellschaftlich nicht anerkannt. Bei einem Scheidungskind wartete jeder nur darauf, dass es Schulversager, kriminell und/oder drogenabhängig wurde. Der zweite Grund war, dass viele Frauen keine abgeschlossene Berufsausbildung hatten, mit der sie sich nach einer Trennung hätten finanzieren können. Und wenn, dann hatten sie seit der Eheschließung meist nicht mehr in ihrem Beruf gearbeitet. Deshalb verharrten sie in Beziehungen, die ihnen ganz eindeutig zum Halse raushingen. Genau das wollte ich ändern: Wer nicht glücklich miteinander war, sollte sich problemlos trennen können – und zwar, ohne dass das Leben danach komplett in Trümmern liegt.

Heute geht das. In den Städten wird inzwischen beinahe jede zweite Ehe geschieden. Ich sage immer: Eine

Scheidung ist wie ein Besuch beim Zahnarzt – einmal kurz unangenehm, aber dann auch wieder gut. Denn anders als in den fünfziger Jahren haben die meisten Frauen heute eine Berufsausbildung. Laut OECD sind Frauen heutzutage sogar besser ausgebildet als Männer. Bereits 2005 gab es zum ersten Mal mehr weibliche als männliche Hochschulabsolventen. (Dass sie trotzdem häufig schlechter bezahlt werden, ist ein anderes Thema.)

Deshalb macht es mich ganz fassungslos, wenn Mandantinnen, die in unerträglichen Beziehungen verhaftet sind, sich nicht trauen, zu gehen. Anstatt ihr Leben zu genießen, sitzen sie heulend vor mir, weil ihr Mann sie gerade zum soundsovielten Mal betrogen hat. Und dann fragen sie noch: »Meinen Sie, ich sollte die Trennung wirklich durchziehen?« Natürlich! Es sei denn, die Frauen können sich an seine Untreue gewöhnen. Aber das gelingt den wenigsten. (Männern übrigens noch viel weniger als Frauen. Schließlich gibt es das Phänomen Untreue ja auch umgekehrt.) Besonders schwer fällt den Betrogenen eine Trennung, wenn der untreue Partner nach seinem Seitensprung plötzlich wieder auf der Matte steht, heult, weil er seine Untreue ach so sehr bereut, und schwört, dass er sich ändern wird. Dazu kann ich nur sagen: Ich habe hier häufig untreue Männer oder Frauen sitzen. Aber denken Sie nicht, dass die in Selbstvorwürfen versinken. Nix da! Sobald die begreifen, dass ihr betrogener Partner sich nicht erweichen lässt, ist es nämlich schlagartig vorbei mit dem schlechten Gewissen. Dann kämpfen sie plötzlich unerbittlich um Haus, Auto und Kinder.

Und wenn ich dann bei den Scheidungsterminen die Frauen am Tisch sitzen sehe, mit den Tränen kämpfend, völlig in sich zusammengesunken, denke ich: Diesen ganzen Stress hättet ihr euch ersparen können, wenn ihr richtig hingeschaut hättet.

Deshalb meine Empfehlung: Auch wenn Sie frisch verliebt sind, seien Sie wachsam! Überlegen Sie sich ganz genau, ob Sie Ihre neue Errungenschaft wirklich haben wollen. Das Prinzip ist dasselbe, wie bei der Frage, ob man sich für Familie und Kinder entscheidet oder eben nicht. Es gibt nicht »ein bisschen schwanger«. Und genau so wenig gibt es »ein bisschen Mann«. Oder »ein bisschen Frau«. Sie kriegen immer das Gesamtpaket.

Finger weg von Fremdgehern!

Schon bevor sie ihm das erste Mal begegnete, hatte sie viel von ihm gehört. Er war ein echter Womanizer. Hannah Dieck kannte mindestens drei Frauen aus ihrer Firma, mit denen er definitiv schon im Bett gewesen war. Weil sie ganz offen darüber sprachen. Oder besser gesagt: damit prahlten. Dazu kamen noch weitere, von denen man munkelte, sie hätten mit ihm Sex gehabt. Da diese Frauen allerdings alle verheiratet waren, teilweise sogar mit Männern aus der Firma, war sich Hannah nicht sicher, ob an diesen Gerüchten etwas dran war. Sie selbst war noch nicht lange genug in der Werbeagentur, um das einschätzen zu können. Bastian Bader sollte als der neue Standortleiter in Hannahs Firma kommen. Er war gerade von der

Hamburger Dependance nach Berlin beordert worden. Hannah spürte eine große Unruhe unter ihren Kolleginnen, als durchsickerte, dass er in der heutigen Konferenz anwesend sein würde. Manche zogen sogar noch schnell ihren Lippenstift nach. Als er schließlich vor die wartende Mitarbeiterschar trat, war Hannah fast ein wenig enttäuscht. Bastian Bader war nicht besonders groß. Kaum größer als Hannah selbst. Seine Haare waren schon ein wenig licht. Er hatte schmutzigblaue Augen und trug einen Dreitagebart. Immerhin keinen Vollbart, wie er in der Werbebranche gerade so angesagt ist, dachte Hannah. Als ihr neuer Chef anfing zu sprechen, konnte Hannah die allgemeine Begeisterung zumindest ein wenig nachvollziehen. Bastian Bader war eloquent und ausgesprochen witzig. Wenn er lachte, senkte er dabei fast schüchtern seinen Blick, während sich tausend kleine Fältchen um seine Augen legten. Er hatte etwas Schelmisches, Jungenhaftes. Ziemlich sympathisch.

In der Folgezeit zog Hannah ihre Kolleginnen auf, wenn sie von jedem Toilettengang mit frisch nachgemalten Lippen und rosigen Wangen zurückkehrten. Dass auch Hannahs morgendliche Kleiderwahl neuerdings ein wenig länger dauerte, behielt sie für sich. Als Hannah hörte, dass Bastian Bader ziemlich vertraut mit einer Kundin im Restaurant gesehen worden war, verhagelte ihr das mindestens einen Vormittag die Stimmung. Als er wenig später mit einer anderen Frau gesehen wurde, nahm Hannah sich vor, nicht weiter über ihn nachzudenken.

Etwa ein halbes Jahr später ging sie mit einer Freundin an Karneval in die Berliner Szene-Kneipe »Ständige Vertretung«. Ursprünglich ein beliebter Treffpunkt für Rheinländer in der Hauptstadt. Dort traf sie völlig unvorbereitet auf Bastian Bader. Überrascht stellten beide fest, dass sie – aus dem Rheinland stammend – begeisterte Karnevalisten waren. In dieser Nacht gingen sie gemeinsam nach Hause …

Etwa einen Monat hielten sie ihre Beziehung in der Agentur geheim. Dann war er es, der darauf drängte, sie offiziell zu machen. Seitdem brachte er Hannah ihr Lieblingseis ins Büro. Am Wochenende überraschte er sie mit Kurztrips quer durch Europa. Und von seinen Reisen brachte er ihr jedes Mal etwas mit. Sie hatten großartigen Sex und er gab ihr das Gefühl, die erotischste Frau dieses Universums zu sein. Andere Frauen spielten keine Rolle mehr. Denn nun hatte er ja sie gefunden.

Als Hannah schwanger wurde, war es klar, dass sie heiraten würden. Hannahs Mutter schwärmte begeistert von ihrem Schwiegersohn und Hannahs Freundinnen warfen ihren Männern vor, sie sollten sich doch bitte mal ein Beispiel an Bastian nehmen … Hannah fühlte sich sicher und geliebt.

Bis sie eines Abends, als ihr Baby gerade eingeschlafen war, in seiner Jackentasche ein Handy fand, das sie nicht kannte. Verwundert drehte sie es in ihrer Hand, als plötzlich eine Nachricht einging. Von Lucy. Sie schrieb: »Liebster Basti, ich liege in meiner Badewanne und denke an dich. Ich kann es kaum erwarten, dich morgen zu sehen.«

Der Fremdgeher zeichnet sich meistens dadurch aus, dass er äußerst charmant ist und kaum einer ihm zutraut, dass er wie eine Wildkatze in seinem Revier räubert. Wer sich ein solches Exemplar anlacht, sollte sich unbedingt darüber im Klaren sein, dass ein Fremdgeher niemals *einem* Partner allein gehören wird. Ich habe mehrere solcher Männer als Dauermandate. Bei ihnen kann ich ziemlich sicher davon ausgehen, dass sie meine Tätigkeit bis zu meiner Rente noch einige Male in Anspruch nehmen werden. Und vermutlich graut ihnen schon jetzt vor dem Tag, an dem ich meine Kanzlei für alle Zeiten schließen werde ... Diese Herren kommen nämlich in schöner Regelmäßigkeit in meine Kanzlei, um mir mitzuteilen, dass ich ihre fürchterliche Ehe schnellstmöglich scheiden müsste, um dann – spätestens ein Jahr später – mit einem strahlenden Lächeln im Gesicht erneut in meiner Kanzlei zu sitzen und zu verkünden, dass sie nun endlich die richtige Frau gefunden hätten. Für die bräuchten sie allerdings einen wasserdichten Ehevertrag. Man weiß ja nie ...

Und prompt, nach maximal fünf weiteren Jahren, tauchen ebendiese Männer erneut zerknirscht in meiner Kanzlei auf. Sie beginnen dann gern mit »Sie werden nicht glauben, was mir passiert ist ...«

Ich mache es kurz: Diese Männer haben ihre zweite Frau natürlich ebenfalls betrogen, bis irgendwann eine Affäre auftauchte, der es gelungen ist, diesen untreuen Gesellen zur Scheidung zu bewegen. Und da sitzt er nun und bittet mich, ebendiese abzuwickeln. Damit ich dann – wieder ein gutes Jahr später – einen neuen Ehevertrag entwerfe. Für die dritte Frau. Die nun aber wirklich *die Richtige* ist. Kurzum: Meine Erfahrung ist, dass ein Mann, der zur Untreue neigt, immer wieder fremdgehen wird.

Und genau diese Tatsache bedeutet für die Frauen eigentlich eine große Chance: Denn in den meisten Fällen wissen sie ganz genau, wenn sie an solch ein untreues Exemplar Mann geraten sind. Häufig ist ihm sein schlechter Ruf bereits vorausgeeilt. Oder aber er erzählt selbst von seiner unrühmlichen Vergangenheit. Wenn Ihnen ein Mann also mit gespielter Zerknirschtheit (in Wirklichkeit ist er nämlich eher stolz) davon berichtet, dass er an einem Tag mit drei Frauen Sex hatte – ohne dass die voneinander wussten –, nehmen Sie Ihre Beine in die Hand und laufen Sie! Sperren Sie seine Nummer oder ignorieren Sie seine Anrufe! Machen Sie bloß nicht den Fehler, zu glauben, Sie seien nun für alle Zeiten das einzige Objekt seiner Begierde und würden das auch bleiben! Garantiert nicht! Frauen neigen oft dazu, sich einzureden, dass er doch bloß in einer Krise steckte, noch nicht die wahre Liebe – nämlich Sie! – gefunden hatte, dass er unreif war oder frustriert. Alles Unsinn!

Natürlich kann es passieren, dass er seine Wilderei zumindest kurzzeitig aufgibt. Vielleicht so lange Ihre Beziehung frisch und aufregend ist. Aber bedenken Sie: Laut Studien fühlen sich Menschen durchschnittlich 18 Monate bis drei Jahre lang verliebt – nicht länger. »Und was kommt danach?«, fragen Sie? Eben!

Das Fatale ist: Sie werden nicht unbedingt merken, wenn er seine Angel wieder in anderen Gewässern auswirft. Denn er wird Sie weiterhin begehren. Selbst Frauen, die ihren Männern quasi rund um die Uhr in den heißesten Dessous zur Verfügung stehen und in den ungewöhnlichsten Sex-Praktiken versiert sind, bleiben nicht verschont. Für diese Frauen ist es oft noch verstörender, wenn sie feststellen, dass sie die ganze Zeit betrogen wurden.

Mal ganz abgesehen davon, dass die meisten Frauen spätestens in den Wechseljahren keine Lust mehr haben, ständig parat für ihren Mann zu sein. Diese Frauen sitzen dann mit Mitte 50 in meiner Kanzlei, häufig mit einem Alkoholproblem, sehen ihr Leben in Trümmern und fragen mich: »Und was mache ich nun?«

Von diesen Frauen sehe ich übrigens nur die allerwenigsten ein zweites Mal, weil sie einen Ehevertrag abschließen wollen. Weil sie nämlich nicht mehr heiraten. Weil sie gar keine Lust mehr auf einen Mann haben und lieber den Rest ihres Lebens alleine bleiben. Oder sich einen Hund kaufen.

Deshalb ist es besser, gleich zu Beginn einer Beziehung aufzupassen, ob man sich womöglich ein untreues Exemplar Mann geangelt hat. Man erkennt sie häufig daran, dass er wenig über seine Ex-Freundin beziehungsweise seine Ex-Freundinnen spricht. Schließlich gibt es unendlich viele Frauen, von denen er so viele wie möglich erobern möchte. Deswegen legt er auch keinen Wert darauf, über irgendwelche vergangenen Beziehungen zu sprechen. Weil sie ihm im Grunde sowieso egal sind.

Ein weiterer Hinweis könnte sein, wenn Sie zum Beispiel mit ihm in einem Lokal sitzen, und er beginnt – in Ihrem Beisein! – mit der attraktiven Bedienung zu schäkern.

Während Sie das beobachten, können Sie sich schon langsam darauf einstellen, wie Ihre gemeinsame Zukunft mit ihm aussehen wird. Wenn Sie beispielsweise mit Brechdurchfall im Bett liegen und keine Kraft haben, sexuell begehrenswert zu sein, was wird er dann wohl machen? Noch schlimmer wird's, wenn Sie erst einmal schwanger werden. Solche Typen betrügen Sie während der Schwangerschaft – garantiert! Deshalb: Geben Sie sich bloß nicht der Illusion hin, Sie würden einen solchen Fremdgeher zähmen!

Wie war das noch mit der Ex? Warum es sich gleich doppelt lohnt, gut hinzuhören!

Er sitzt vor ihr und reibt sich lachend die Hände. Dann nimmt er genüsslich einen großen Schluck aus seinem Weinglas und beugt sich verschwörerisch zu ihr rüber. »Soll ich dir mal sagen, wie ich meine Ex abgezockt habe?«

Sonja guckt ein wenig irritiert. Aber weil Florian sie so erwartungsvoll anlacht, fragt sie höflich: »Wie denn?« Dabei sieht sie sich unauffällig im Restaurant um, ob womöglich jemand ihrem Gespräch folgt. Das nimmt schließlich gerade ziemlich unerwartete – und vor allem unangenehme – Züge an. Florian lächelt selbstgefällig und bestellt sich beim Ober ein weiteres Glas Wein, ohne Sonja zu fragen, ob sie denn auch noch eines wolle.

»Also erst einmal habe ich in meiner Firma Ausgaben verlagert und große Rückstellungen gebildet.« Florians Augen strahlen. Sonja versteht kein Wort. Sie fühlt

sich zunehmend unwohl. Dabei hat sie sich doch so sehr auf den Abend mit Florian gefreut.

Die beiden haben sich durch Zufall bei einer Schulveranstaltung kennengelernt. Sonjas und Florians Kinder besuchen neuerdings dieselbe Klasse. Schon während Sonja in der Aula den Ausführungen des Schulleiters über die Wahl der Profilkurse folgte, war ihr Florian aufgefallen. Mit seinen fast weißblonden Haaren sieht er schwedisch aus. Oder dänisch. Selbst seine Wimpern sind hellblond. Er hat breite Schultern und ein sympathisches Lächeln. Dementsprechend freute sich Sonja, als sie feststellte, dass ausgerechnet dieser Mann der Vater des Mädchens war, von dem ihre Tochter neuerdings so oft erzählte. Eine Weile hatten sie sich nur geschrieben, wenn die Mädchen sich verabreden wollten. Aber bald schrieben sie sich auch privat. Und irgendwann hatte Florian dann mal gefragt, ob sie nicht Lust hätte, mit ihm essen zu gehen.

Es ist ihr erstes Date seit mindestens drei Jahren. Entsprechend aufgeregt ist sie gewesen. Und nun sitzt sie aufgebrezelt in einem romantischen Restaurant direkt an der Donau – und muss sich anhören, wie Florian sich bei der Scheidung um die Zahlungen an seine Frau gedrückt hat.

»Und die Lebensversicherung habe ich mir auch auszahlen lassen. Gut, dass wir eine mit Kapitalwahlrecht abgeschlossen hatten!« Nun klatscht er sich begeistert auf seine Schenkel. »Aber das Beste war, dass ich dem Gericht glaubhaft machen konnte, dass ich von

Freunden, Eltern und Geschwistern Geld geschenkt bekommen hatte. Und das unterliegt nicht dem Zugewinnausgleich. Das ist doch großartig, oder?« Florian nickt angesichts all dieser schönen Erfolgsmomente versunken vor sich hin. So sah Glück aus. Eindeutig.

Auch diese Situation finde ich wirklich bemerkenswert: Da sitzen in schöner Regelmäßigkeit Männer vor mir, voller Zorn über ihre unverschämten Ex-Partnerinnen. Denn: Diese raffgierigen Ziegen stellen doch tatsächlich Forderungen! Wollen etwas abhaben von dem, was man gemeinsam angeschafft hat. »Gibt's da nicht irgendeinen Trick, wie ich um die Zahlungen herumkomme?«, wollen sie dann gern von mir wissen.

Waren die zukünftigen Ex-Frauen in den ersten Mandanten-Gesprächen oft noch die zauberhaftesten Wesen dieses Universums, mutieren sie im Laufe des Scheidungsprozesses ziemlich sicher zu geldgierigen, gewissenlosen Hexen und Monstern. Und während meine Mandanten hochrote Köpfe bekommen, weil sie sich so richtig in Rage reden, sitzen neben ihnen ihre neuen Partnerinnen. Deren Gesichtsausdruck schwankt zwischen Betroffenheit und Entsetzen. Sie schütteln ihre wohlfrisierten Köpfe und streicheln beruhigend seine Hände – und sind in ihrem Innersten zutiefst zufrieden. Darüber kann ich mich nur wundern. Was meinen diese Frauen denn, wie ihre Partner mit ihnen umgehen werden, sollten sie sich einmal trennen? Genau so!

Sie können sich also viel Ärger und unzählige Enttäuschungen ersparen, wenn Sie gleich bei Ihrem ersten Date aufmerksam hinhören, wenn es um vorangegangene Partnerschaften geht. Wenn er kein gutes Haar an seiner Ex lässt, weil sie an allem schuld ist – an der Trennung, der Scheidung, vielleicht auch daran, dass auf der ganzen Erde nicht der Weltfrieden herrscht – dann stehen Sie bitte auf und gehen Sie! Solche Männer haben noch nie ernsthaft über sich nachgedacht und sind deshalb auch noch nicht auf den Gedanken gekommen, dass auch sie an dem Scheitern der Ehe beziehungsweise der Beziehung eine Mitschuld tragen könnten. Wenn man hier überhaupt von Schuld sprechen möchte.

Nun könnten Sie natürlich sagen: »Wenn wir eh getrennt sind, ist es mir doch egal, was er sagt!« Aber bedenken Sie: Es geht nicht nur darum, wie er über sie spricht. Entsprechend wird er sich Ihnen gegenüber auch verhalten. Und das kann – je nachdem, wie viel Sie gemeinsam angeschafft haben (Kinder, Haus, Hund, Firma ...) – wirklich unangenehm werden. Und genau aus diesem Grund verstehe ich die Frauen nicht, die mit ihren neuen Partnern in meine Kanzlei kommen und furchtbar auf die Ex-Frauen schimpfen.

Zumal sein Verhalten doch noch etwas zeigt: Ein solcher Mann ist vor allem eines – nicht konfliktfähig! Ganz offenbar ist er nicht in der Lage, sich in einer Konfliktsituation mit seiner Partnerin zu einigen. Und man muss sich doch im Klaren darüber sein, dass es in *jeder* zwischenmenschlichen Beziehung zu Konfliktsituationen kommt. Sich vorzumachen, dass man nie streitet beziehungsweise, dass im Familienverbund niemals ein Streit entstehen wird, ist völliger

Blödsinn. Wo es Menschen gibt, gibt es Konfliktsituationen. Das ist so!

Mich hat einmal bei dem Besuch einer Fortbildungsveranstaltung für Konfliktlösung ein Dozent tief beeindruckt, der eine sogenannte Konfliktleiter vorgestellt hat. In Untersuchungen hatte man festgestellt, dass die niedrigste Form der Konfliktlösung Angriff und Flucht sind. Wir kennen das von Tieren: Ein Hund greift zum Beispiel einen anderen Hund an und haut dann ab.

Die nächste Stufe der Konfliktlösung ist die, dass zwei Menschen erkennen, dass sie den Konflikt alleine nicht lösen können und diesen dann – so war es ursprünglich – an den sogenannten Weisen des Stammes abgeben. Das entspricht in der heutigen Zeit dem Richter beziehungsweise der Judikativen. Die sollen den Konflikt für sie lösen.

Die höchste Form ist aber die kreative Konfliktlösung. Als Beispiel wurde hier genannt, dass zwei Arbeitnehmer in einer Firma nur einen Parkplatz haben. Anstatt sich die Köpfe einzuschlagen, kommen die beiden überein, eine Fahrgemeinschaft zu gründen. So haben beide etwas von dem Parkplatz.

Und genau diese hohe Kunst der Konfliktlösung ist in einer Partnerschaft permanent gefragt. Und nun geben Sie sich nicht der Illusion hin, dass der sexy anmutende Macho, der gleich mal mit der Faust auf den Tisch haut, in der Lage ist, eine kreative Konfliktlösung zu finden! Der wendet eher die niedrigste Form der Konfliktlösung an: Drauf hauen – und zwar im schlimmsten Fall nicht nur auf den Tisch – und danach wegrennen. Erst toben und danach in die Kneipe. Einfach ausgedrückt.

Gerade bei solchen Typen sollten Sie überaus achtsam sein! Sagt Ihnen Ihr Instinkt beziehungsweise können Sie den Gesprächen entnehmen, dass bei diesem Mann eine gewisse Gewaltbereitschaft vorliegt, überlegen Sie genau, ob Sie sich auf eine Beziehung mit ihm einlassen wollen. Natürlich finden viele Frauen solche Männer, die den primitivsten archaischen Strukturen entsprechen, häufig interessant. Tatsächlich habe ich unzählige Mandantinnen – intelligente und erfolgreiche Frauen –, die an diesen Typus Mann geraten waren, schon oft bei der Stellung einer Strafanzeige wegen Körperverletzung unterstützen müssen. Ich möchte Ihnen ja keine Angst machen: Aber laut Statistik ist etwa jeder zweite Frauenmord eine Beziehungstat. Und das waren sicher nicht die Männer, mit denen man so gut reden konnte und die auf der Leiter der Konfliktlösungen ganz oben standen!

Deshalb mein Tipp: Sie müssen sich mit Ihrem Partner gut streiten können! Hände weg von Männern, die überzeugt davon sind, dass immer die anderen an allem die Schuld tragen, die glauben, dass Sie sich doch gefälligst ändern und sich bitte komplett seinen Bedürfnissen anpassen müssen!

Noch eine Frau aus der Vergangenheit, bei der es sich lohnt, die Ohren zu spitzen: Mutti!

Er war extrem aufmerksam. Half ihr immer in den Mantel, hielt ihr jedes Mal die Tür auf und reichte ihr beim Aussteigen aus dem Auto galant die Hand. Wenn er sie abends ins Restaurant ausführte, fragte er zuverlässig, wonach ihr denn wäre. Koreanisch? Vietnamesisch?

Oder zu dem neuen Italiener, von dem gerade alle sprachen ... Anstatt ins Kino führte er sie ins Theater oder in die Oper aus. Vor dem Einschlafen schaute er keine amerikanischen Action-Serien, sondern las anspruchsvolle Literatur.

Sandra Teichert konnte ihr Glück kaum fassen. Diesmal war es ganz bestimmt der Richtige! Was für ein Geschenk des Himmels, dass bislang noch keine andere Frau dieses Prachtexemplar entdeckt hatte! Dann wäre dieser Traum von einem Mann sicher längst verheiratet mit fünf Kindern! Verliebt betrachtete sie sein schönes Profil mit der geraden Nase und dem ausgeprägten Kinn. Genau so wie Sandra es schön fand. Ein angenehm warmes Gefühl durchströmte ihren gesamten Körper. Weil Martin noch tief zu schlafen schien, zog sie die Bettdecke ein wenig höher über ihn, woraufhin er wohlig brummte. Sandra musste lächeln.

Als sich Martin an diesem Sonntag um kurz vor 12 Uhr zum Mittagessen zu seiner Mutter verabschiedete – das machte er sonntags immer, denn er war ein Familienmensch –, traf sich Sandra mit ihren Freundinnen zum Brunch.

»Und Kinder will er auch!«, verkündete sie strahlend.

»Endlich hast du auch mal Glück!«, freute sich ihre Freundin Silke. »Das hast du wirklich verdient!« Denn während ihre Freundinnen allesamt schon seit Jahren mit ausnahmslos netten und fürsorglichen Männern zusammenlebten, galt Sandra bislang eher als

Problemkind. Einmal hatte sich ihre neue Liebe als Alkoholiker entpuppt. Ein anderes Mal hatte ihr Lover sehr merkwürdige sexuelle Vorlieben. Er stand auf märchenhafte Rollenspiele, sodass Sandras Freundinnen sie bei jedem Treffen aufzogen – »Na, hast du schon deinen Text gelernt?« –, bis Sandra sich endlich von ihm trennte. Der letzte war zwar ein echtes Goldstück – nur leider bereits verheiratet. Deshalb fragte Sandras Freundin Veronika trotz aller Schwärmerei vorsichtig: »Und es gibt diesmal wirklich keinen Haken?«

»Nein, dieses Mal gibt es keinen Haken«, seufzte Sandra zufrieden und freute sich schon darauf, ihren Martin am Abend wiederzusehen.

Er empfing sie mit einem breiten Lächeln: »Mutti möchte dich kennenlernen.« Und Sandra jubilierte innerlich: Er stellt mich seiner Mutter vor!

Eine Woche später öffnete ihnen eine robuste ältere Dame mit sorgsam aufgestecktem Haar die Tür. Mutti. Ihre leicht überhitzte Wohnung erinnerte an ein Museum. Nichts deutete darauf hin, dass hier tatsächlich jemand wohnte. Sandra waren solche Menschen immer ein wenig unheimlich ... »Mutti« taxierte sie von oben bis unten. Beschloss dann aber wohl, die neue Schwiegertochter so gut es ging zu ignorieren. Zumindest fand die Unterhaltung weitgehend unter ihrem Ausschluss statt. Nur einmal wandte sich »Mutti« an Sandra: »Wissen Sie, der Martin hätte ja die Tochter unseres Pfarrers haben können. Na ja. Nun hat er ja Sie.« Das war's. Und Martin? Saß milde lächelnd daneben und versuchte, die Situation zu retten, indem er aus seinem alten Kinderzimmer, das noch immer exakt so aussah, wie er es bei seinem Auszug verlassen hatte, einen ganzen Stapel Fotoalben holte: Mutti mit Martin auf Elba, Mutti mit Martin bei den Großeltern in Österreich, Mutti mit Martin auf Ischia. »Gibt es auch ein Bild von deinem Papa?«, fragte Sandra.

Martin begann hektisch zu blättern. »Ja, irgendwo habe ich ihn gesehen …« Sandra versuchte, ihr wachsendes Unbehagen zu ignorieren. Wie sagte ihre Freundin Veronika doch immer? Wo Licht ist, da ist auch Schatten. Nun lernte Sandra offenbar die Schattenseite kennen. Sie schaute zu Martin, der allerbester Laune in Erinnerungen schwelgte. Noch auf dem Nachhauseweg schwärmte er von seinen Besuchen bei seinen Großeltern. Und plötzlich schlug er vor: »Lass uns doch nächstes Wochenende nach Österreich fahren.« Sandra war sofort wieder besänftigt. Sie liebte es, zu verreisen! Und sie freute sich, Martins Großeltern kennenzulernen. Als »Mutti« anbot, die Hotelbuchung zu übernehmen, redete sie sich ein, dass die ältere Dame vielleicht doch ganz liebenswert sein könnte. Schließlich kannte die sich vor Ort bestens aus und würde sicher ein gemütliches Hotel aussuchen. Dass »Mutti« für sich gleich ein Hotelzimmer mitbuchte, war Sandra dann jedoch doch zu viel. Martin versuchte, sie zu besänftigen: »Alleine schafft sie es nicht mehr dorthin. Und sie würde ihre Eltern doch auch so gern mal wieder besuchen …«

Wenn Sie das Wort »Muttersöhnchen« hören, denken Sie bitte nicht an schlechtsitzende beige Bundfaltenhosen, ordentlich gebügelte karierte Hemden, unmoderne Brillen und fettige Haarsträhnen auf glänzenden Glatzen. Das wäre nämlich ganz falsch! Auch Mamas Lieblinge sind häufig beruflich erfolgreiche Männer, gern mit abgeschlossenem Studium. Sie tragen teure Klamotten, leben in schicken Appartements und keiner würde ihnen ansehen, wovon sie aus tiefstem Herzen überzeugt sind: Mutti ist die Beste! Bilden Sie sich also bloß nicht ein, Sie würden einen solchen Mann auf Anhieb erkennen. Ganz im Gegenteil. Sie werden von ihm begeistert sein. Gerade diese Männer kommen häufig als besonders fürsorgliche Frauenversteher daher. Als Traum aller Frauen und vor allem aller Schwiegermütter. Mit nur einem gravierenden Haken: Sie lieben nur Mutti. Und glauben Sie mir: Da trennt man eher eine glückliche Ehe als ein Muttersöhnchen von seiner Mama!

Selbstverständlich kommt Mama im Scheidungsfall gern mit zu mir in die Kanzlei. Schließlich war es meist sie, die für ihren erwachsenen Sohn den Termin vereinbart hat. Und natürlich ist sie es dann auch, die mir den gesamten erschütternden Sachverhalt schildert. Von der schrecklichen Partnerin ihres Sohnes, die sich weder um den Haushalt noch um die Kinder gekümmert hat und nun möglichst schnell und günstig entsorgt werden muss. Hier greift man sich doch geradezu ans Hirn, wenn vollberufstätige, gestandene Männer nun plötzlich die Auffassung vertreten, dass die gemeinsamen Kinder nach der Trennung besser von Mutti betreut werden sollten als von der Kindsmutter und zu scheidenden Ehefrau. Wenn ich nachfrage, warum das für die Kinder von Vorteil sein sollte, kommt die Antwort wie aus der

Pistole geschossen: »Mutti kann besser kochen, Mutti kann die Wäsche besser waschen, besser bei den Hausaufgaben helfen, Mutti ist ordentlicher, liebevoller ...« Und so weiter und so fort. Diese Männer vertreten – ohne mit der Wimper zu zucken – die Auffassung, dass die Ehefrau und Mutter ihrer Kinder zu dumm sei, ein Essen zuzubereiten. Auch wenn die Kinder bereits zehn und zwölf Jahre alt sind! Da frage ich mich doch, wie die Frau das wohl in der Vergangenheit gemacht hat?! Glaubt man diesen Männern, müssen ihre Ehefrauen maximal einen Intelligenzquotienten in Höhe der Raumtemperatur haben. Denn sie sind angeblich weder in der Lage, Geld vom gemeinsamen Konto abzuheben, geschweige denn einen Mietvertrag abzuschließen. Erstaunlicherweise haben aber auch diese vermeintlich unfähigen Frauen häufig eine abgeschlossene kaufmännische Ausbildung, ein Studium und einen Job. Daher bin ich überzeugt, dass sie durchaus Geld vom Konto abheben und ihren Kindern eine Mahlzeit servieren können. Dennoch sitzen diese Männer vor mir und möchten unbedingt, dass ab sofort Mutti alles in die Hand nimmt. Die Muttis sitzen übrigens meist mit zufriedenem Blick neben ihren Söhnen – und ihr Mutterstolz strömt ihnen aus jeder Pore und vermischt sich mit dem Duft ihrer schweren Parfüms. Anfangs habe ich mich gefragt: Was sind das für merkwürdige Frauen, die sich dazu berufen fühlen, für ihre 40- bis 60-jährigen Söhne Termine beim Anwalt zu vereinbaren, sie dann auch noch zu begleiten und zum Schluss ganz selbstverständlich seine Rechnung begleichen?

Meiner Erfahrung nach sind diese Mütter meist sehr starke Frauen, die teilweise sogar selbst verheiratet, aber in ihrer seit Jahrzehnten andauernden Ehe völlig frustriert sind. Diese Damen haben – ohne ihnen zu nahe treten zu wollen – häufig einen sehr eigenartigen Deal mit ihrem eigenen Ehemann geschlossen: Er bleibt zwar, fasst sie aber nicht mehr an. Leider führt diese sexuelle Unbefriedigtheit anscheinend zu einer permanenten Frustration. Der einzige Lichtblick in ihrem freudlosen Leben: der Sohn. Der wird nun glorifiziert und als Partnerersatz betrachtet.

Wenn Frauen auf der Partnersuche an einen solchen Mann geraten – dann gute Nacht! Dann dürfen sie ab sofort mit Mutti einen permanenten Konkurrenzkampf führen. Das Problem ist nur: Mutti sitzt meist am längeren Hebel. Denn häufig unterstützt Mutti ihren Sohn auch finanziell und hält ihn bewusst und sehr gern in einer permanenten Abhängigkeit. Selbst wenn er sich sein Leben eigentlich selbst finanzieren könnte. Dann gibt es eben den Luxus von Mutti: tolle Urlaube, teure Autos. Alles kein Problem!

Ein sicheres Warnsignal ist es, wenn die zukünftige Schwiegermutter – selbstverständlich mit dem Einverständnis ihres Sohnes – seine Wäsche wäscht und die Hemden bügelt. Das bietet sie auch gern ihrer zukünftigen Schwiegertochter an. Natürlich ist dieses Angebot reizvoll und verlockend. Trotzdem: Das Waschen der Wäsche, die ja immerhin auch den Intimbereich des Menschen betrifft, ist nichts für Mutti! Wer die Wäsche macht, hat die Macht! Wenn Sie sich also auf den schwierigen bis aussichtslosen Kampf um ein Muttersöhnchen einlassen wollen: Fangen Sie mit der Wäsche an!

Männer, die mit Frauen eigentlich nichts anfangen können

Zugegeben: Bei ihren Freundinnen waren die Männer bei den Geburten dabei gewesen. Dass ihr Christian stattdessen lieber im Tennisverein mit ihrem Vater auf den Nachwuchs angestoßen hatte, während Jule alleine im Kreißsaal schnaufte, nahm sie ihm trotzdem nicht übel. Schließlich konnte Christian ohnehin kein Blut sehen ... Dass er und ihr Vater – beide leicht angetrunken – bei dieser Gelegenheit den kleinen Noah gleich als Vereinsmitglied anmeldeten, fand Jule eigentlich sogar ganz lustig. So war er eben. Ihr Christian. Ein echter Feier-Meier. Alle im Club mochten den erfolgreichen Jugendtrainer. Weil er großzügig und lustig war. Ein echtes Sonnenscheinchen. Und festes Mitglied der Männerclique aus der ersten Herrenmannschaft. Christian war groß und gutaussehend. Er hatte dunkle Locken, die sich wild auf seinem Kopf kräuselten. Sein Mund war zwar etwas groß geraten, passte aber zu ihm. Er war wie eine attraktive Mischung aus Benedict Cumberbatch und Mick Jagger. Sämtliche Mütter des Tennisvereins klebten an seinen Lippen, wenn sie ihre Sprösslinge vom Training abholten. Als er sich bei einer Clubfeier plötzlich neben Jule setzte und von ihren unglaublich schönen Augen schwärmte, war das der schönste Tag ihres bisherigen Lebens.

Christian machte sie geradezu atemlos vor Glück. Als sie nach einem halben Jahr schwanger wurde, brach er zwar nicht gerade in Jubelschreie aus, er hatte aber auch nichts gegen ein Kind. Es schien für ihn selbstverständlich, dass Jule sich um den Nachwuchs kümmern würde.

Deshalb spielte er weiter seine Tennisturniere. Nahm an Tenniscamps auf der ganzen Welt teil. Oder bot selbst Tennisreisen an. Vorzugsweise im Winter. Weil er das schlechte Wetter in Deutschland nicht mochte.

Als sie einmal gemeinsam zu einer Party eingeladen waren, hatte Jule ihre Babysitterin gebucht, die tagsüber schon häufiger auf Noah aufgepasst hatte. Jule hatte ein gutes Gefühl mit ihr. Außerdem hatte sie Lust, mal wieder mit Christian auszugehen. Tagelang hatte sie sich ausschließlich mit der Kleiderfrage beschäftigt, sämtliche Internet-Shops durchforstet, den kleinen Noah durch jedes Geschäft gezottelt, bis sie ein sehr schickes schwarzes Cocktailkleid gefunden hatte, in dem sie sich gefiel. Es war sehr luftig. Schulterfrei. Mit Rüschen. Dazu hatte sie sich graue Overknee-Stiefel aus einem sehr weichen Leder geleistet. In der Woche vor der Party war Jule in ihrem Outfit beinahe täglich vor dem großen Schlafzimmer-Spiegel auf und ab stolziert. Dabei hatte sie sich ausgemalt, wie Christian staunen würde, wenn er seine Frau sehen würde.

Als sie am Abend der Party mit ihrem iPad im Bad stand, um sich mithilfe eines Schmink-Tutorials ein perfektes Make-up aufzulegen, klingelte ihr Telefon. Es war die Babysitterin. »Mein Freund will mit mir Schluss machen. Ich muss jetzt sofort zu ihm. Tut mir leid.« Dann legte sie auf.

Jule ließ ihren Kopf sinken. Dann rief sie: »Christian? Unsere Babysitterin hat abgesagt.« Christian kam ins Badezimmer und staunte, als er seine Jule zwischen all den Tuben, Stiften und Puderdosen entdeckte. »Das ist ja blöd«, sagte er zerknirscht. Und im Rausgehen: »Dann muss ich wohl alleine gehen.« Damit verschwand er wieder. Erst aus dem Bad. Und schließlich, nach einem flüchtigen Abschiedskuss, aus der Wohnung.

Auch wenn Sie das vielleicht überrascht: Es gibt tatsächlich eine Vielzahl von Männern, die mit Frauen grundsätzlich nichts anfangen können. Mal abgesehen vom Sex. Aber das war's dann auch. Ihr Denken, ihre Gefühle, die Komplexität des weiblichen Wesens – alles total uninteressant. Warum sich diese Männer trotzdem entschließen, zu heiraten, bleibt mir auch nach meiner langjährigen Berufserfahrung ein Rätsel. Ich vermute, es liegt am Druck der Frauen. Entweder von denen, die geheiratet werden wollen, oder aber von den Müttern, die von süßen Enkelkindern träumen. Da stecken diese Typen dann in einem Dilemma: Denn eigentlich gehen sie doch viel lieber zusammen mit Kumpels zu Eishockeyspielen oder fahren mit ihnen gemeinsam in den Skiurlaub, als dass sie – alleine mit einer Frau! – ins Kino gehen oder einen Weihnachtsmarkt besuchen würden. Das Positive: Diese Spezies von Mann kann man ganz schnell daran erkennen, dass sie strahlend wie ein Honigkuchenpferd ihre Kumpels begrüßen, wenn sie diese in der Kneipe treffen. Die begleitenden Frauen haben bei diesen Begegnungen ganz tief in ihrem Innersten das Gefühl, völlig fehl am Platz zu sein, weil ihre Anwesenheit eigentlich gar nicht gewünscht ist. Aber irgendwie kann man sich das als Frau ja kaum vorstellen: ein Mann, der ohne Beziehung glücklich wäre. Wo doch für die Frau eine Beziehung meist das Wichtigste überhaupt ist. Also bleiben die Frauen standhaft bei einem Mann, der im Zweifel gar nicht bemerkt, wenn sie spontan gehen würden. Zumal er doch gerade so schön über das letzte Bayern-Spiel fachsimpelt ...

Es ist ja auch gar nichts dagegen einzuwenden, dass Ihr Liebster sich zusammen mit seinen Freunden ab und zu ein Fußballspiel ansieht und dabei einen Kasten Bier trinkt. Es sollte Sie aber stutzig machen, wenn er mindestens drei Abende in der Woche mit seinen Freunden verbringt anstatt mit Ihnen: den ersten Abend als sogenannten Sportabend mit anschließendem gemeinsamem Saunabesuch, der nächste ist der Herren-Stammtisch und am dritten Abend muss er unbedingt in irgendwelchen Vereinen abhängen. Fußball, Handball, was auch immer. Hauptsache mit seinen besten Freunden.

Hier sollten Sie sich dann schon einmal die Frage stellen: Wie viel Interesse hat dieser Mann eigentlich an einer Zweierbeziehung? Eine Mann-Frau-Beziehung zeichnet sich schließlich dadurch aus, vorausgesetzt, sie ist intakt und gesund, dass sowohl der Mann als auch die Frau Zeit miteinander verbringen wollen. Gerade, wenn beide voll berufstätig sind oder wenn gemeinsame Kinder vorhanden sind. Hier ist es besonders wichtig, dass man einen gemeinsamen Abend auch mal zu zweit verbringt.

Doch diese Männer wollen das schlichtweg nicht. Sie grillen am liebsten mit ihren Kumpels, unternehmen lange

Radtouren, gehen mit ihren Freunden Mountainbiken oder Joggen.

Mit einem solchen Kerl an der Seite sieht das Privatleben der Frau meist so aus: Sie sitzt überwiegend alleine zu Hause – vor allem, wenn man gemeinsame Kinder hat. Nur manchmal schauen ein paar Freundinnen vorbei – für einen wahnsinnig spaßigen Mädelsabend, an dem man sich dann daran erinnert, wie lustig es doch damals war, als man noch zusammen durch die Clubs gezogen ist, und wie schön es doch ist, mal wieder so einen Mädelsabend zu veranstalten! Lügen Sie sich hier nicht selbst in die Tasche! Wenn Sie mal ganz ehrlich sind, sind viele Ihrer sogenannten »Mädels« ebenfalls frustriert und würden viel lieber – vor allem, wenn man frisch verliebt ist – die Zeit mit ihrem Mann verbringen, als sich zum 150.000. Mal über irgendwelche Nagellackfarben, Wimpertuschen oder Jobprobleme zu unterhalten.

Aber der Typ ist ja weit weg. Unterwegs. Mit den Jungs. Sodass man sich als Frau weder begehrt, noch angenommen oder gewollt fühlt. Denn dieser Typ Mann beweist einem ja quasi permanent: Er geht lieber mit seinen Kumpels Skifahren als mit seiner Partnerin. Er geht lieber mit seinen Kumpels in die Kneipe, als mit Ihnen zusammen eine leckere Pizza zu backen, eine Flasche Rotwein zu öffnen und sich einen netten Abend zu machen. Er guckt lieber zum 25. Mal Rocky, als dass er mit Ihnen – eingekuschelt auf dem Sofa – auch mal einen Rosamunde-Pilcher-Film anschauen würde. Ganz ehrlich: Ein Typ, der sich weigert, einen Rosamunde-Pilcher-Film zu schauen, weil er sich dafür zu männlich fühlt, den können Sie sowieso in die Wüste schicken!

Selbstverständlich können Sie sich mit einem solchen Mann Tag und Nacht vormachen, wie eigenständig Sie sind und dass Sie Ihre Freiräume brauchen. Aber doch nicht in der Form, dass man lieber mit anderen zusammen ist, als mit seinem eigenen Partner! Was soll die Partnerschaft dann überhaupt für einen Sinn haben? Dann wäre es doch konsequenter und ehrlicher, man würde alleine bleiben und der Mann würde sich in einer Männer-WG einquartieren. Mit einem solchen Beziehungsverweigerer leben Sie ein Singleleben als Paar! Wenn Sie ihn dann auch noch heiraten, können Sie sich unter der Kategorie »verheiratete Singles« einordnen. Wollen Sie das?

Fazit: Nehmen Sie Ihren Partner, wie er ist – Sie werden ihn nicht ändern!

Einer der grundlegenden Fehler, den Frauen oft beim Kennenlernen von Männern und bei der Auswahl ihres Partners machen, ist, dass sie sich einbilden, sie würden ihn ändern können. Nach dem Motto: »Ich mag zwar seine Klamotten nicht, aber wenn ich erst mal mit ihm verheiratet bin, dann gehen wir zusammen einkaufen und dann sieht er endlich gut aus.« Das ist Unsinn! Wenn der Mann klassische V-Pullover liebt, wird er sich vielleicht in seiner ersten Verliebtheit zu einem hippen Hoodie mit Aufdruck überreden lassen. Aber ich verspreche Ihnen: Irgendwann entdeckt er wieder seine V-Pullover.

Leider sind Frauen die Königinnen der Verleugnung und des Selbstbetrugs. Sie bilden sich tatsächlich ein, dass sie ihr Gegenüber ändern könnten und finden 100.000 Entschuldigungen dafür, warum der Mann nicht anruft, warum er ihren Geburtstag vergessen hat, warum er ihnen kein Geburtstagsgeschenk besorgen konnte und so weiter.

Alle diese Schwierigkeiten führen Sie natürlich darauf zurück, dass der Mann von seiner Mutter nicht so geliebt wurde oder sich von seinem Vater niemals verstanden gefühlt hat. Es bedarf nur einer liebevollen Ehefrau – nämlich Ihrer Person! –, um dieses Wesen zu ändern. Diese liebende Frau, verhaftet in Selbstaufopferung und Verleugnung ihrer eigenen Interessen, macht sich dann also daran, den Mann umzukrempeln. Das wird ihr ganzer Lebensinhalt. Und der Mann? Der versteht die Welt nicht mehr! Er hatte sich doch in eine vollkommen selbstständige, toughe und freche Frau verliebt. Jetzt wird ständig an ihm herumgenörgelt, er bekommt Klamotten geschenkt, die ihm nicht gefallen. Und obendrein entpuppt sich die Frau auch noch als absolutes Hausmütterchen. Was macht Mann da? Er geht. Anschließend sitzen die Frauen mit ungläubigem Staunen da und fragen sich, wie das denn nun passieren konnte.

Aber mal ehrlich, andersherum, wollen sie doch auch einen Mann, der Sie langfristig so liebt und toll findet, wie Sie sind, und nicht einen, für den Sie sich tagtäglich verbiegen müssen.

Deshalb sollte sich jede Frau, wenn sie eine Beziehung eingehen möchte, fragen: *Will ich diesen Mann mit allen seinen Fehlern und Schwächen?* Denn sie sollte bedenken, dass sich dieser Mann nicht ändern wird. Ganz im Gegenteil: Im Laufe der Jahre werden sich die Charaktereigenschaften, die man anfangs vielleicht sogar ganz niedlich oder zumindest akzeptabel fand, verschlimmern. Und: Ein Frauenheld bleibt ein Frauenheld, ein Muttersöhnchen ein Muttersöhnchen, ein unreflektierter Rechthaber bleibt ein unreflektierter Rechthaber und ein Beziehungsverweigerer bleibt ebenfalls genau das: ein Beziehungsverweigerer.

3. KAPITEL

Hurra, wir ziehen zusammen! Welche Fehler Sie unbedingt vermeiden sollten …

Das verfallene Häuschen war Stephie schon bei ihren letzten Ausflügen aufgefallen. Es bestand aus großen hellen Feldsteinen. Richtig urig. Das müsste man sich hübsch herrichten, hatte sie jedes Mal gedacht, während sie sich ganz in der Nähe auf eine morsche Bank setzte und ihr Picknick auspackte. Von dieser Bank aus hatte man einen besonders schönen Blick über den See mit den Bergen im Hintergrund.

Stephie kam gern hierher. Raus aus der Stadt. Die Natur genießen. Mit Appetit biss sie in ihr Vollkorn-Brötchen, das sie mit Camembert und Feigensenf belegt hatte, als sich ein zotteliger schwarz-braun-weißer Hund zu ihr gesellte und sich fast auf ihre Füße setzte. Entsetzt beobachtete Stephie den langen Spuckefaden, der langsam aus seinem Maul lief und auf ihr Knie zu tropfen drohte. Er verfolgte aufmerksam jeden ihrer Bisse. Stephie warf ihm ein Stück ihres Käsebrötchens auf den Weg, woraufhin sich der Hund sofort in Bewegung setzte. Endlich!, dachte Stephie, als ein Mann rief: »Eigentlich darf Fluffy kein Getreide fressen!« Stephie zuckte zusammen und blickte zu einem braungebrannten Mann, der seine längeren Haare locker zu einem Zopf zusammengebunden hatte. Er stand plötzlich im Eingang des verfallenen Häuschens. Stephie sah ihn zerknirscht an. »Das tut mir leid!«

»Ist schon okay!«, lachte der Unbekannte und strich sich eine Haarsträhne aus dem Gesicht. »Wollen Sie einen Kaffee zum Brötchen? Ich habe gerade einen aufgebrüht.« Stephie nickte zögerlich. Kurz darauf setzte sich der Fremde neben sie und streichelte mit seinen kräftigen Händen den Kopf seines Hundes. »Schön hier, oder?«

Stephie hielt diesen Typen zunächst für einen durchgeknallten Hippie. Wer sonst lebte langhaarig und offenbar alleine mit Hund auf einer Alm? Doch im Gespräch stellte sich heraus: Olivier war der Spagat gelungen, sich seinen Wunsch nach Freiheit zu erfüllen, indem er sich diese Hütte gekauft hatte, ohne dabei die Sicherheit des bürgerlichen Lebens aufzugeben – er lebte hier draußen und arbeitete in ihrer Stadt als Ingenieur bei einem Mobilfunkanbieter. »Irgendwann habe ich die Enge und den Lärm einfach nicht mehr ausgehalten. Da fahre ich lieber jeden Morgen und Abend die 60 Kilometer mit der Bahn. Dafür habe ich hier meine Ruhe.« Stephie folgte seinem Blick über den See und die Berge und musste zugeben: Olivier hatte eindeutig alles richtiggemacht!

In der kommenden Woche musste Stephie ständig an ihre neue Bekanntschaft denken. Ihre beste Freundin zog sie schon auf. »Na, denkst du noch an deinen Alm-Öhi?«

Stephie grinste. Tatsächlich hatte dieser Mann sie berührt. Die Ruhe, die er ausstrahlte. Seine Zufriedenheit. Seine Ursprünglichkeit. Anders als die Typen, die in ihren schicken Anzügen in ihrem Büro einer Unternehmensberatung herumsprangen.

Am Wochenende packte sie also vorsichtshalber ein bisschen mehr Essen in ihren Rucksack. Damit sie länger picknicken konnte oder aber genügend dabeihatte, falls dieser Olivier sich wieder zu ihr gesellen sollte. Und sie musste nicht lange warten. Erst kam sein Hund. Und kurz darauf Olivier. »Ich habe gerade gekocht. Magst du mit mir essen?«

Kurzentschlossen ließ Stephie ihre Brötchen in der Tasche und folgte Olivier in sein Häuschen. Der Hund trabte sabbernd hinterher.

Stephie sah sich neugierig um. Auf einem einfachen Holztisch standen zwei tiefe Teller. Daneben Holzlöffel. Vermutlich selbstgeschnitzt. In einer Ecke entdeckte Stephie am Boden eine Matratze. Und plötzlich fragte sie sich, ob es nicht ein wenig heikel war, einem fremden Mann einfach so in sein Reich zu folgen. Doch Olivier nahm ihre Hand. »Ich bin nicht verrückt. Ich mag nur gern das Leben leben, das mir gefällt.«

Sie entschied sich, zu bleiben. Und beobachtete fasziniert, wie Olivier aus einem kleinen Kochtopf, der auf einem Spiritusherd stand, eine dampfende Kartoffelsuppe schöpfte. Was für ein Minimalist! Keiner, der nur darüber sprach oder in Zeitungen darüber las. Fasziniert beobachtete Stephie, wie er geschickt mit einem Taschenmesser, das er aus einer Gürteltasche zog, ein Baguette in Scheiben schnitt. Dieser Typ überlebte garantiert auch im Dschungel. Ein Indiana Jones der Alpen.

Von ihm lernte Stephie, wie man mit Kienspan ein Feuer machte. Wie lecker Fichtennadeltee schmeckte. Und dass man sich auch mit Wildmöhren prima die Zähne putzen konnte. Sie bestaunte ihn beim Holzhacken und genoss es, wenn sie ihren Kopf an seine Brust lehnen konnte. An diese weiche Stelle vor dem Schlüsselbein ... Noch nie hatte ein Mann so gut gerochen!

Stephie und Olivier beschlossen, gemeinsam in den Urlaub zu fahren. Sie träumte von einem romantischen Ferienhäuschen in Frankreich. Aber ihn zog es eher an die Ostsee. »Dort kenne ich einen tollen Campingplatz.«

Nun gut, dachte Stephie. Mit Olivier gehe ich auch auf den Campingplatz. Zumindest kann er auf mich aufpassen ...

Diese Entscheidung stellte sie allerdings schon am ersten Morgen in Frage. Als sie nämlich in der langen Schlange vor den Waschräumen darauf wartete, sich die Zähne putzen zu können. Und spätestens unter der Dusche, wo ihr Schaum und Schamhaare aus den Nachbarkabinen über die Füße flossen, bereute sie ihre

Entscheidung bitter. Eine Unzufriedenheit, die Olivier übrigens gar nicht verstehen konnte. Er badete ohnehin viel lieber in der Ostsee, anstatt die Waschräume zu nutzen. Stephie war froh, als ihr erster gemeinsamer Urlaub endlich vorbei war.

Zurück in Bayern schlug Stephie vor, dass Olivier sie zur Abwechslung doch auch einmal bei ihr zu Hause besuchen könnte. Insgeheim hoffte Stephie, ihren attraktiven Alm-Öhi doch wieder in die Zivilisation zurückzuholen … Sie malte sich aus, wie großartig er wohl im Anzug aussehen würde! Dementsprechend große Mühe gab sie sich. Sie zündete Kerzen an, spielte seine Lieblingsmusik und zog ihr schönstes Kleid an. Nur wegen ihrer weißen Teppiche und dem dunklen Fell von Fluffy machte sie sich ein wenig Sorgen. Doch Olivier versicherte, dass sein Hund nur ganz wenig haaren und sich prima benehmen würde. Leider hatte Olivier Napf und Bettchen in seiner Hütte vergessen, sodass Stephie dem riesigen Hund, der ihr in ihrer kleinen Wohnung noch viel größer vorkam, zum Trinken eine Suppenschale auf den Boden stellte. Olivier war so frei, sich die edle Kaschmirdecke vom Sofa zu nehmen, um sie Fluffy als Bettchen anzubieten …

Nachdem Olivier selbst gierig eine riesige Portion Nudeln mit Lachssauce in sich hineingeschaufelt hatte, verschränkte er seine Arme hinter dem Kopf, kippelte mit dem Stuhl nach hinten und sagte: »Daran könnte ich mich gewöhnen. Wir sollten zusammenziehen.«

Stephie verschluckte sich. Der heftige Hustenanfall veranlasste Fluffy, von der Kaschmirdecke aufzustehen und in Richtung Tisch zu traben. Sein Herrchen nutzte die Gelegenheit, ihm den Porzellanteller unter die Nase zu halten, den der Hund sofort begeistert abschleckte …

Wenn ich mit meinen Mandantinnen über ihre Männer spreche, denke ich regelmäßig an ein Zitat von Brigitte Bardot. Das große Sexsymbol der fünfziger und sechziger Jahre soll auf die Frage, warum sie nur noch mit Tieren auf einem Bauernhof leben und ob sie denn keine Männer mehr mögen würde, geantwortet haben: »Doch, ich mag Männer. Sogar sehr. Denn sie sind wie wilde Exoten.« Diese Aussage finde ich sehr treffend, genau so erscheinen Männer den Frauen häufig: wild und exotisch. Ist ja auch kein Wunder. Die Unterschiede zwischen den Geschlechtern zeigen sich ja oft schon im Kindesalter. Emsig wie kleine Bienchen beweisen Mädchen in der Schule meist deutlich mehr Fleiß als die Jungen, sie lernen besser, führen ihre Hausaufgabenhefte ordentlicher und verzieren liebevoll sämtliche Schulhefte, Briefe und Freundschaftsalben. Kaum erwachsen geworden beschließen diese emsigen Bienchen dann mit einem wilden Exoten zusammenzuziehen. Da ist der Ärger vorprogrammiert! Das Zusammenleben wird zur großen Herausforderung, die ein Paar gemeinsam meistern muss. Was das Ganze noch zusätzlich verkompliziert: Da treffen ja nicht nur zwei sehr unterschiedliche Wesen aufeinander, diese Wesen haben auch noch schwieriges Gepäck dabei: ihre Ursprungsfamilien. Klingt esoterisch? Ist es nicht. Ich nenne Ihnen mal ein Beispiel: Stellen Sie sich eine Frau vor, deren Vater arbeitslos wurde, als sie noch ein Kind war. Dieser Vater saß nach seiner Kündigung nur noch auf dem Sofa vor dem Fernseher und fing schließlich an zu trinken. In der Kneipe, aber auch zu Hause. Das führte sehr häufig zu Streit zwischen den Eltern und letztendlich zum Scheitern ihrer Ehe.

Nun stellen Sie sich diese Frau als Erwachsene vor, wenn sie ihren Partner Jahre später auf dem Sofa vor dem Fernseher sitzen sieht. Dieser Anblick wird nicht gerade Glücksgefühle in ihr auslösen. Holt sich der Mann dann auch noch ein Bier aus dem Kühlschrank, ist es nicht unwahrscheinlich, dass die Frau darauf ungehalten reagiert. Oder zumindest stänkert oder mault. Und der Mann? Der hatte unter Umständen eine überfürsorgliche Mutter, die seinen Vater und ihn ständig bevormundet hat. Was wird er nun wohl denken? Vermutlich wird er sich ärgern. So nach dem Motto: »Diese spaßbefreite Ziege gönnt mir nicht einmal mein Feierabend-Bier!« Eigentlich hätte das Paar (noch) gar kein Problem miteinander. Es sind ihre Ursprungsfamilien, die zu Hause für schlechte Stimmung sorgen.

Das Ganze passiert meist unterbewusst. Plötzlich möchte sich die Frau so einrichten wie ihre Eltern – mit antiken Weichholzmöbeln. Und das am liebsten auf dem Land. Der Mann hält aber das Stadtleben, so wie er es von früher kennt, für viel besser. Und Weichholzmöbel findet er sowieso hässlich. Denn er mag lieber schlichte praktische Möbel. Wie seine Eltern. Natürlich gibt es auch die Erwachsenen, die genau das Gegenteil von dem haben wollen, was die Eltern hatten. Letztendlich ist das auch völlig egal. Das Entscheidende: Das Paar kracht und streitet sich nur deshalb, weil sie sich noch nicht von ihren Ursprungsfamilien gelöst haben. Dabei werden dann auch gern beide Familienclans mit einbezogen. Das klingt dann so: »Meine Mutter hat das auch immer so gemacht.« – »Deine Mutter hat ja auch keinen Geschmack. Sieht man ja an eurer Wohnungseinrichtung …«

Die Ursprungsfamilien nehmen Einfluss auf sämtliche Bereiche des gemeinsamen Lebens: auf die Aufgabenverteilung im Haushalt, auf die Kindererziehung, sogar aufs Essen. Es ist geradezu absurd. Mir hat mal eine Frau erzählt, dass sie immer die erste Scheibe des Bratens abgeschnitten hatte, die dann keiner essen durfte. Ihr Mann wunderte sich darüber, zumal er das Krustenstück am liebsten mochte. Die Frau hatte für ihr Verhalten eigentlich keine logische Erklärung – außer, dass sie es von ihrer Mutter so übernommen hatte. Als diese Frau nun ihre Mutter dazu befragte, konnte die dieses Rätsel ebenfalls nicht lösen. Stattdessen erzählte sie, dass sie das ebenfalls von ihrer Mutter abgeschaut hatte. Also von der Oma der Frau. Es hatten inzwischen drei Generationen von Frauen die erste Bratenscheibe abgeschnitten und zur Seite gelegt. Und warum? Die Oma gab zu, dass sie früher eine Affäre mit dem Stallburschen hatte, der das Krustenstück vom Sonntagsbraten immer am liebsten mochte. Und deshalb wurde noch zwei Generationen später die erste Bratenscheibe beiseitegelegt … Dieses Beispiel zeigt: Achten Sie darauf, Ihren eigenen Weg zu gehen! Ist Ihr Vater passionierter Hobbytaucher, so müssen Sie sich nicht auch einen Mann suchen, der diesem Meeressport zugetan ist. Genauso wenig wie Sie so sein müssen, wie Ihre eigene Mutter. Deswegen kann man weiterhin seine Eltern lieben und verehren, allerdings mit der Distanz eines erwachsenen Menschen. Und nicht als großes Kleinkind, das nun die Ehe der Eltern eins zu eins mit dem eigenen Partner nachleben möchte. Entscheiden Sie sich für das Leben, das Sie leben möchten! Schließlich bietet das Zusammenleben auch ohne die Einflüsse der Ursprungsfamilie noch ausreichend Konfliktpotenzial.

Streiten Sie bloß nicht ums schwarze Ledersofa – es gibt deutlich wichtigere Punkte!

Schon auf dem Weg zu ihrem Hauseingang fühlt sich Melanie beklommen. Ihr Herz klopft schneller. Ihr Mund ist trocken und mit jedem Schritt verschlimmert sich ihre Übelkeit. Sie hat ihre beste Freundin Julia am Telefon, die ununterbrochen auf sie einredet: »Und provoziere ihn nicht! Ignoriere ihn einfach! Geh ins Schlafzimmer und lies ein Buch!«

Melanie hört gar nicht richtig hin. Am liebsten würde sie auf der Stelle kehrtmachen. Ihre Freundin seufzt in den Hörer. »Dass ich aber auch so weit weg wohne.«

»Wenn du genau nebenan wohnen würdest, würde das auch nicht wirklich was ändern.« Melanie schnauft. Vor fünf Monaten hat sie sich von ihrem Freund Linus getrennt. Seitdem weigert der sich, den Mietvertrag zu kündigen. Damit sitzt Melanie fest. Sie kann sich keine neue Wohnung mieten, weil ihr Gehalt nicht für zwei Wohnungen reicht. Und sie weiß, dass sie auch für diese

Wohnung weiterhin zahlen muss, da sie den Mietvertrag gemeinsam mit Linus unterschrieben hat.

»Wer hätte gedacht, dass Linus sich so mies benehmen würde!«, wettert Julia gerade wieder in den Hörer. Das Thema hatten sie in den vergangenen fünf Monaten schon häufiger.

Deshalb entgegnet Melanie bloß tonlos: »Das Licht brennt.« Das bedeutet: Linus ist zu Hause. Am liebsten würde Melanie weinen. Gleichzeitig fühlen sich ihre Augen ganz trocken an. Dieser unerträgliche Zustand macht sie wahnsinnig.

»Ich bleibe am Apparat«, verspricht ihre Freundin. Beistand aus knapp 600 Kilometern Entfernung. Trotzdem fühlt es sich besser an, als ohne Julia die Wohnung zu betreten.

Es riecht nach Pizza. Schon der Geruch verursacht bei Melanie Würgereiz. Der Blick in die Küche macht es noch schlimmer. Da stapeln sich schon wieder die schmutzigen Teller, Gläser und Tassen. Linus' Unordnung war bereits während der Beziehung ein ständiges Streitthema. Dabei hat er sich damals noch Mühe gegeben. Seit der Trennung macht er gar nichts mehr. Melanie empfindet jeden neuen schmutzigen Teller, den sie für ihn in die Spülmaschine räumen muss, als Demütigung. Aus dem Wohnzimmer hört sie Schüsse und Stimmen. Offenbar spielt ihr Ex wieder irgendwelche Ballerspiele. Melanie hat schon seit Monaten nicht mehr ferngesehen. Schließlich haben sie sich so geeinigt, dass er im Wohnzimmer lebt, während sie im Schlafzimmer bleibt.

Melanie lässt sich aufs Bett sinken. Als sie ihr Telefonat beendet, huscht sie schnell ins Badezimmer. Leider muss Linus offenbar ebenfalls gerade aufs Klo. Wütend hämmert er gegen die Tür. »Man, mach hinne!«

Kaum zu glauben, dass dieser Mann in einer Bank arbeitet. Jeden Morgen geht er ordentlich frisiert und im Anzug zur Arbeit. Und hier benimmt er sich wie ein Vollidiot. Melanie hört, wie er im Nachbarzimmer die Musik aufdreht. Die Nachbarn haben sich schon mehrfach darüber beschwert. Deshalb huscht Melanie nur noch mit gesenktem Kopf durchs Treppenhaus. Und auf ihrem Nachtkästchen liegen neuerdings Ohropax. Damit sie überhaupt einschlafen kann. Wobei sie ohnehin unruhig schläft. Sie wird ständig wach. Für sie ist diese Situation unerträglich. Linus scheint das nicht zu stören. Ihre Freundin Julia sagt: »Kein Wunder. Er zahlt wenig Miete und hat die Putzfrau noch inklusive.«

Melanies Hoffnung ist, dass er irgendwann eine neue Frau kennenlernt. Aber bislang scheint sich diesbezüglich nichts zu ergeben. Im Internet hat sie gelesen, dass sie in einem solchen Fall nur mit dem Kopf gegen die Wand rennen, um Hilfe schreien und die Polizei rufen kann. Vorgetäuschte häusliche Gewalt ist scheinbar die einzige Möglichkeit, ihren Ex-Partner aus der Wohnung zu bekommen. Aber das widerstrebt ihr. Das ist nicht ihre Art. Noch nicht.

Wohnpsychologen sagen, dass Frauen mit ihrer Einrichtung häufig ihre Emotionen ausdrücken wollen. Deshalb ist es bei der einen möglichst kuschelig, bei der anderen ein bisschen kitschig verspielt und wieder eine andere hat ein kühle moderne Einrichtung – je nachdem, wie es ihr geht und wie sie sich selber sieht. Männer dagegen sind auch in diesem Punkt eher praktisch veranlagt. Sie achten vor allem darauf, dass sie genügend Ablageflächen haben. Oder aber sie kaufen sich Möbel zum Beeindrucken. Da überrascht es kaum: Beim Zusammenziehen kommt es regelmäßig zu Konflikten. Ich bin zwar eine echte Kämpferin, aber in diesem Fall kann ich nur raten: Finden Sie einen Kompromiss! Wenn's um die Einrichtung geht, müssen Sie in den sauren Apfel beißen, dass der Mensch, den Sie lieben, nicht immer Ihren Wohnstil teilen wird. Und wenn er nun an dem scheußlichen Ledersofa mit den Chromfüßen und seinen riesigen Lautsprechern hängt, lassen Sie es ihm! Beides! Setzen Sie aber im Gegenzug Lieblingsstücke von Ihnen durch. Ich habe schon von Paaren gehört, die sämtliche Möbelstücke in einer großen Lagerhalle aufgestellt haben und dann auf jedes Teil, auf das sie sich gemeinsam einigen konnten, einen roten Punkt geklebt haben. Gelbe Punkte wurden auf die Möbelstücke geklebt, die entsorgt werden sollten. Und die grünen Punkte auf die, die sich einer der Partner unbedingt wünschte. Ich finde diesen Aufwand zwar ein wenig grotesk, aber im Ergebnis doch demokratisch und sinnvoll. Wichtig ist nur: Versuchen Sie auf gar keinen Fall gewaltsam Ihren Willen beziehungsweise Ihren Geschmack durchzusetzen! Das geht meistens schief. Der Mann würde sich in Ihrem gemeinsamen Zuhause wie ein Gast fühlen. Und sich dann erfahrungsgemäß irgendwann auch so benehmen.

Beharrlich sollten Sie dagegen in einem anderen Punkt bleiben: wenn es ums Vertragliche geht. Das kann nämlich viel schwerwiegendere Probleme verursachen als der tägliche Blick auf ein schwarzes Ledersofa. Leider muss ich dazu mal kurz juristisch werden: Wenn Sie in seine Wohnung ziehen, dann ist es – wenn es eine Mietwohnung ist – *sein* Mietvertrag und Sie müssen sich darüber im Klaren sein, dass er Sie beim ersten großen Krach jederzeit rauswerfen kann. Im Umkehrschluss haben Sie natürlich das große Glück, dass Sie sich – ebenfalls im Falle einer Trennung – nicht mit irgendwelchen Mietkautionen, Renovierungsarbeiten und Änderungen des Mietvertrags abgeben müssen, sondern einfach Ihr Bündel packen und verschwinden können. Sollten Sie beide einen Mietvertrag abschließen, haben Sie das Problem, dass Sie bei einer Trennung nur gemeinsam die Wohnung kündigen können. Wenn's dumm läuft, stimmt Ihr Ex-Partner einer Kündigung nicht zu, der Vermieter entlässt Sie nicht aus dem Mietvertrag und wenn Ihr Ex-Partner dann noch die Zahlung einstellt, haften Sie grundsätzlich auch dem Vermieter gegenüber für die gesamte Miete – und Ihr Ex-Partner sitzt trotzdem weiterhin auf Ihrem Sofa. Sogar auf unbestimmte Zeit, weil Sie ihn nämlich kaum loswerden. Das kann emotional und finanziell ziemlich katastrophal werden.

Ein weiterer Super-GAU droht, wenn Sie zusammen mit Ihrem Partner eine Immobilie im hälftigen Miteigentum kaufen. Davor kann ich grundsätzlich nur warnen! Bevor Sie das tun, schließen Sie einen Notarvertrag ab, in dem Sie genau regeln, welche finanziellen Anteile jeder

Partner erbringt und was passiert, wenn die Beziehung auseinandergeht. Hier rate ich dringend zu einer ganz konkreten Regelung, zum Beispiel in der Form, dass bei Trennung der nichtehelichen Lebensgemeinschaft Ihr hälftiger Miteigentumsanteil von Ihrem Partner übernommen wird, auch die darauf lastenden Darlehensverbindlichkeiten und er Ihnen einen konkreten Betrag auszahlt. Unterschreiben Sie auf gar keinen Fall zusammen mit Ihrem Partner auch noch bei der Bank gemeinsame Schulden für diese Immobilie! Sollte es danach zum Streit kommen, so gibt Ihnen das Gesetz nur die Möglichkeit der sogenannten Zwangsversteigerung. Und das ist meistens für beide Parteien finanziell nachteilig. Den darlehensgebenden Banken ist es übrigens völlig egal, ob Sie womöglich schon lange aus dem hälftigen Miteigentum ausgezogen sind. Wenn Sie im Vertrag stehen und Ihr Ex zahlt nicht, kann die Bank Sie trotzdem zur Zahlung bitten. Im schlimmsten Fall kann die Bank sogar auf Ihrem schönen Gehaltskonto eine Kontenpfändung tätigen. Seien Sie also vorsichtig, überlegen Sie sich gemeinsame finanzielle Planungen gut, lassen Sie sich rechtlich über die Konsequenzen beim Scheitern der Beziehung beraten! Dies ist eine gute Investition in Ihre Zukunft.

Meiner Erfahrung nach vermischen die meisten Frauen nämlich gern Liebesglück mit finanzieller Großzügigkeit. Wenn das Liebesglück dann aber zu Ende ist, stehen sie vor einem finanziellen Scherbenhaufen. Diesen Fehler sollten Sie unbedingt vermeiden!

Bleiben Sie attraktiv!

Erschöpft kommt Luise von der Arbeit. Ihr Mann steht schon in der Küche und bereitet das Abendessen zu. »Ich komme gleich, ich ziehe mich nur schnell um!«, ruft Luise und läuft erstmal ins Schlafzimmer. Raus aus den engen Business-Klamotten, rein in die Jogginghose! Nun fühlt sich Luise schon ein bisschen wohler. Sie läuft zu Björn in die Küche. »Was gibt es?«, fragt sie und gibt ihm einen Kuss auf die Wange. »Mmmhh, lecker Nudeln! Soll ich noch einen Salat dazu machen?«

Bevor Björn irgendetwas entgegnen kann, hat sie sich schon ihre weißrotblaue Blümchenschürze umgebunden und beginnt, Zwiebeln zu schneiden. Weil es zu den Nudeln Tomatensauce gibt, lässt sie ihre Schürze beim Essen gleich an. Das kennt man ja mit der Tomatensauce: Da kleckert man garantiert immer.

Nach dem Essen bleiben Björn und Luise noch ein wenig sitzen. Wie beinahe jeden Abend spielen sie Karten, knabbern dabei ein paar Chips und reden über den Tag. Luise erzählt von ihrer neuen Kollegin, mit der sie sich so gar nicht versteht. »Die stresst mich!«, stöhnt sie, während sie sich Chips in den Mund schiebt.

Björn schaut sie aufmerksam an. »Nein, Luise! Du lässt dich stressen! Das ist ein Unterschied.« Dann steht er auf und zieht sich Schuhe und Jacke an, um noch eine Runde mit dem Hund zu gehen. Früher ist Luise meistens mitgelaufen. Aber jetzt im Winter hat sie gar keine

Lust, noch einmal raus in die Kälte zu gehen. Leider sieht man diese zunehmende Faulheit bereits ihrer Figur an. Trotzdem kümmert sie sich lieber um den Abwasch, macht die Küche sauber und lässt sich anschließend im Bad ein bisschen mehr Zeit. Das ist schließlich ihre Zeit. Während sie sich die Augencreme auf die Lider tupft, fällt allmählich der Stress des Tages von ihr ab. Ein wenig frustriert betrachtet sie sich im Spiegel. Nicht nur wegen des Bauchs. Auch ihre Haut ist nicht schön. Nun ist sie schon 40 und bekommt immer noch Pickel wie ein Teenager! Luise nimmt ein wenig Zinksalbe und schmiert sie auf die schlimmsten Stellen. »Spielst du wieder Fliegenpilz?«, zieht Björn sie deshalb auf, als sie kurz darauf ins Schlafzimmer kommt. Luise verzieht demonstrativ ihr Gesicht: »Sehr witzig!«

In ihrer gemütlichen Pyjamahose und einem ausrangierten Ghostbusters-T-Shirt von Björn kuschelt sie sich zu ihm unter die Decke. Björn schreibt gerade auf Facebook mit irgendwelchen Leuten, die er von früher kennt. Luise streicht sich im Liegen über ihr Schienbein und denkt: Am Wochenende muss ich unbedingt mal wieder meine Beine rasieren.

Einen kurzen Augenblick überlegt sie, ob sie vielleicht jetzt noch mal ins Bad gehen und den Epilierer anwerfen soll. Auch ihre Zehennägel könnten mal wieder Lack vertragen. Früher hatte sie immer lackierte Zehennägel! Aber weil es gerade so gemütlich und schön angenehm warm unter der Bettdecke ist, beschließt Luise, liegen zu bleiben. Das mache ich alles am Wochenende – da habe ich ohnehin mehr Zeit, beruhigt sie sich selbst. Und mit diesem Gedanken ist sie dann auch schon eingeschlafen.

Es gibt Frauen, die überprüfen jeden Tag – ehe ihr Mann von der Arbeit nach Hause kommt –, ob ihre Frisur sitzt, und legen sich dann auch noch mal Lippenstift auf. Wohlgemerkt Lippenstift – keinen Gloss! Den mögen Männer nämlich nicht besonders. Und das sind nicht nur solche Berufs-Ehefrauen wie Katarina oder sonstige Unternehmer-Gattinnen. Das sind ganz normale Ehefrauen, die eine der wichtigsten Regeln begriffen haben – und die lautet: Bleiben Sie attraktiv! Das heißt jetzt nicht, dass man jeden Abend in High Heels und in einem Designerkleidchen herumlaufen soll. Aber die ausgebeulte Jogginghose geht eben auch nicht! Man muss sich einmal vorstellen, dass die meisten Ehepaare tagsüber getrennt sind. Entweder arbeiten beide oder aber der eine ist vollberufstätig und der andere betreut die Kinder – wie auch immer die Konstellation ist. Die meisten Paare sehen sich hauptsächlich am Abend und an den Wochenenden. Natürlich neigt man dazu, es sich dann bequem machen zu wollen. Jetzt muss man sich aber mal vorstellen, dass der Ehemann seine Frau dann nur noch so sieht: in Jogginghosen, gemütlichen Jeans, vielleicht im T-Shirt, bei dem man beim Ausmisten des Kleiderschranks gedacht hat: Na ja, zum Wegschmeißen ist es noch zu schade.

Das heißt, der Partner oder Ehemann sieht seine Frau die meiste Zeit in einem nicht ganz so attraktiven Zustand. (Für die Frau gilt dies natürlich auch, wenn sie ihren Partner bloß noch in allerfeinster Fußball-guck-Montur – labbriges

Unterhemd und Trainingsanzug – sieht. Das sollten beide Partner tunlichst vermeiden! Zumal wohl die meisten tagsüber, im Berufsalltag, vorwiegend gut gekleideten und herausgeputzten Menschen begegnen.) Deshalb – auch wenn Sie keine Lust haben: Rasieren Sie sich die Beine auch im Winter! Bleiben Sie für Ihren Mann auch äußerlich attraktiv!

Und zwar attraktiv im Sinne der Männer. Mitunter gehen die Vorstellungen diesbezüglich ein wenig auseinander.

Ich bin bei meiner Arbeit auf folgende »Grundregeln« gestoßen: Keine Ballerinas! Keine Leggings! Kein übertriebenes Schminken! All das mögen Männer tendenziell nicht. Ebenso wenig – und das wird die meisten Frauen vermutlich begeistern – kein zwanghaftes Runterhungern auf Size Zero! Die meisten Männer, denen es nicht nur darum geht, eine Frau zum Präsentieren zu haben, sondern eine Partnerin, mit der sie ihr Leben genießen wollen, mögen keine Frauen, die den ganzen Tag nur Wasser trinken und an einer Mohrrübe knabbern. Deshalb mein Rat: Wer eher füllig ist, sollte sich nicht auf Größe 36 runterhungern! Diese Frauen haben ständig schlechte Laune, da sie ja permanent hungrig sind. Ihnen vergeht die Lust auf Sex und sie bekommen diesen verbissenen Gesichtsausdruck. Die Durchschnittsmänner wollen keine Frauen, die affektiert in einer bestimmten Posing-Stellung, die sie vor dem Spiegel eingeübt haben, ihren Kaffee trinken. Viele meiner Mandantinnen, die diesem angeblichen Schönheitsideal entsprechen, die hungern und mit einem verkrampften Gesicht durch die Gegend joggen, weil Laufen ja so viel Spaß macht, wurden von ihren Männern nach Strich und Faden betrogen. Männer lieben schlanke Frauen. Das stimmt. Aber nur, wenn sie sinnlich sind und das Leben genießen können. Ist eine Frau also von Natur aus zierlich, schön. Ansonsten: Bleiben Sie lieber genussfreudig! Achten Sie auf ein gepflegtes Äußeres! Und zwar auch (oder erst recht), wenn Sie schwanger sind oder gerade kleine Kinder versorgen.

Warum Sie Geld nicht falsch deuten sollten

Ein bisschen komisch kam es Tanja schon vor: Obwohl Marco als Artdirector gut verdiente, lebte er in einer kleinen Zweizimmerwohnung in einem unscheinbaren Sechziger-Jahre-Mietshaus direkt an einer befahrenen Straße. Nah zum Verlag, bei dem sie beide arbeiteten. Aber das war auch schon der einzige Vorzug dieser Wohnung. Obendrein war sie äußerst lieblos eingerichtet: Im Wohnzimmer standen ein schwarzes Ledersofa, ein Glastisch, ein Ikea-Bücherregal mit ein paar DVDs, ein Fernseher und ein DVD-Player. Sonst nichts. Keine Pflanzen. Keine Deko. Überhaupt nichts Persönliches. Die Küche wirkte, als würde sie nie benutzt. Zumindest nicht zum Kochen. Da wurden vielleicht allenfalls mal Gläser aus dem Schrank geholt oder der Teekocher bedient. Im Schlafzimmer wurde es nicht besser: ein verspiegelter Schrank vor einem einfachen Doppelbett, auf dem ordentlich zusammengelegt Bettzeug mit japanischen Schriftzügen lag, wie es vor etwa 20 Jahren einmal modern gewesen war. Tanja fröstelte. Ihr war schon klar, warum die beiden die meiste Zeit in ihrer Wohnung verbrachten – auch wenn die von der Arbeit deutlich weiter entfernt lag. Diese Wohnung war einfach ungemütlich. Aber Männer waren eben so. Puristisch.

Marco hatte schnell die DVD gegriffen, wegen der sie diesen kurzen Stopp hier überhaupt eingelegt hatten, und stand nun ungeduldig in der offenen Wohnungstür. »Wollen wir?«

Tanja nickte und trat in den Hausflur. Erst jetzt, als sie wieder in dem nach Essen riechenden Treppenhaus stand, stellte sie fest: Marcos Wohnung roch gar nicht nach ihm. Sonst hatten Wohnungen doch immer – ebenso wie Menschen – einen charakteristischen Eigengeruch. Sie blickte zu Marco, der die Wohnungstür abschloss und dann zu ihr schaute: »Na, mein Engel, alles in Ordnung?«

Tanja nickte, obwohl sie spürte, dass ihr Bauchgefühl ihr irgendetwas sagen wollte. Marco nahm sie in den Arm und drückte ihr einen zärtlichen Kuss auf die Stirn. Dabei wedelte er mit einer braunen Papiertüte vor ihrer Nase herum, auf der sie den Schriftzug ihres Lieblingscafés entdeckte. »Ein paar Macarons zum Nachtisch.« Marco strahlte. Da war er doch tatsächlich in die Innenstadt gefahren und hatte diese sündhaft teuren, aber extrem köstlichen Macarons besorgt!

Als hätte er damit alle schlechten Gedanken weggepustet, freute sich Tanja nun nur noch auf ihren Filmeabend. Sie hatte schon gestern ein wenig Fingerfood vorbereitet. Während Marco die DVD einlegte, holte sie es aus der Küche. Auf der Spüle lagen noch ein paar neue Farben und Pinsel, die Marco ihr geschenkt hatte. Wenn sich Tanja nicht um die Internetseite ihres Verlages kümmerte, malte sie nämlich gern. Sogar »ganz großartig«, wie Marco ihr regelmäßig versicherte. Zumindest gut genug, dass auch Tanja ihre Bilder in der ganzen Wohnung verteilt aufgehängt hatte. Leider gab es bei ihr im Dachgeschoss nicht so viele gerade Wände, wie Tanja sie inzwischen bräuchte. Sie überlegte schon, ob sie die Bilder nicht auch an die freiliegenden Holzbalken hängen könnte. Aber die sahen so gemütlich aus ...

Tanjas Zuhause war das genaue Gegenteil von Marcos Wohnung. Überall standen Kerzen. Auf dem schönen hellen Sofa lagen unzählige Decken und Kissen. Und als Tanja sich dort endlich zu Marco kuschelte und das Fingerfood auf den kleinen hölzernen Couchtisch stellte, seufzte er wohlig: »Bei dir ist es immer so gemütlich.« Und Tanja dachte: Vermutlich hat er einfach kein Händchen fürs Einrichten.

Deshalb malte sie Marco von den neuen Farben ein riesiges Bild. Schließlich konnten seine Wände ein bisschen Farbe gut vertragen. Als sie es am Morgen in sein Auto stellte, entdeckte sie Schlammflecken an der Rückseite des Fahrersitzes. »Was hast du da denn gemacht?«

»Da habe ich was transportiert.«

»Was macht denn solche Flecken?«, wollte Tanja noch wissen, doch Marco ging gar nicht darauf ein, sondern drückte ihr eine Tüte Vanille-Trüffel in die Hand. »Die Besten. Aus Belgien. Die magst du doch so gern.«

Tanja lächelte. »Weil ich doch heute nicht bei dir sein kann ...«

Marco hatte sich nämlich mit einem Freund verabredet. Am nächsten Abend erklang eine Kinderlieder-CD im Auto. »Habt ihr gestern Kindermusik gehört?«, lachte Tanja.

Marco lachte mit. »Nein, ich musste heute Morgen die Kinder eines Freundes zum Kindergarten bringen.«

Tanja schmunzelte. Sie fühlte sich wohl mit ihrem neuen Freund, der immer so liebevoll und großzügig war. Fürs Wochenende hatte er sie in ein schönes Wellness-Hotel eingeladen. Dafür hatte er ihr einen besonders kuscheligen Bademantel geschenkt, auf den er dann den Hotelgutschein gelegt hatte. Marco war ihr Traumprinz. Insgeheim überlegte Tanja schon, wie gut ihr Vorname zu seinem Nachnamen passte ...

Als sie jedoch vorschlug, dass er doch zu ihr ziehen könnte, wiegelte er ab. »Meine Wohnung ist doch so preiswert, dass ich sie erst einmal behalten will. Schließlich muss ich manchmal auch sehr lange arbeiten und bin dann froh, wenn ich nicht mehr so weit fahren muss.«

Tanja nickte verständig. Dass sie zu ihm zog, stand außer Frage. Also legte sie das Thema offiziell erst einmal auf Eis. Schaute aber heimlich nach einer größeren Wohnung in der Nähe des Verlags, in der sie dann gemeinsam leben könnten.

Sie war gerade wieder auf einer entsprechenden Internet-Seite unterwegs, als es an ihrer Tür klingelte.

Tanja öffnete. Eine Frau stand davor. Mit einem kleinen Kind an der Hand. »Sind Sie Tanja?«

Tanja nickte.

»Ich bin die Freundin von Marco«, sagte die Frau.

Und nachdem die Frauen über eine Stunde miteinander gesprochen hatten, verstand Tanja: Marcos Wohnung war nicht deshalb so schlicht, weil er kein Händchen fürs Einrichten hatte, sondern weil er diese Wohnung nur als Alibi unterhielt. Tatsächlich lebte er mit dieser Frau zusammen. Und ihrem gemeinsamen Kind …

Laut Statistik streiten zwei von drei Paaren regelmäßig über Geld. Angeblich drehen sich 80 Prozent aller Konflikte hauptsächlich um dieses Thema und viele Beziehungen zerbrechen daran. Oberflächlich betrachtet, mag das so stimmen. Wenn die Frau sich beispielsweise ständig darüber beschwert, dass der Mann sein ganzes Geld in die neu gegründete Firma steckt, anstatt Rücklagen zu bilden oder ein Eigenheim zu kaufen, dann gibt es Streit. Die Stimmung ist schlecht. Die Beziehung kann in der Folge durchaus scheitern.

Das Problem dahinter ist jedoch ein ganz anderes. Vielleicht glaubt der Mann, über das Geld alleine bestimmen zu können, weil er der Besserverdienende ist. Er wähnt sich also völlig im Recht und merkt gar nicht, dass sich seine Frau durch sein Verhalten herabgesetzt fühlt. Meiner Erfahrung nach rückt das Thema Geld umso stärker in den Vordergrund, je mehr Konflikte zwischen den Beteiligten ohnehin schon schwelen. Dann wird Geld zum Streitpunkt, wenn dem Paar die Worte fehlen, um die eigentlichen Probleme anzusprechen. Das funktioniert übrigens auch in die andere Richtung: Da wird bei einem Paar, dem Respekt und Wertschätzung längst abhandengekommen sind, Geld zum Ersatz von Liebe und Anerkennung. Nicht ohne Grund herrscht unter vielen Frauen ja geradezu ein Wettkampf, welche von ihnen von ihrem Mann das größte, tollste und teuerste Weihnachtsgeschenk bekommen hat. Und warum? Weil diese Frauen Geschenke gern für den Beweis von Liebe und Wertschätzung halten. Ich habe eine Bekannte, deren Ehemann am liebsten mit seinem Luxuswohnmobil verreist. Quer durch Europa. Sein alljährliches Highlight ist der Winterurlaub an der Algarve. Meine Bekannte würde sich viel lieber Jordanien anschauen. Oder eine Studienreise durch Burma unternehmen. Sie hatte auf einer Party einmal erzählt, dass sie schon als Studentin immer viel und weit gereist war. Aber auch, dass sich ihr Mann dazu nicht bewegen ließ. Deshalb wird sie nun wohl bis an ihr Lebensende im Wohnmobil an die Algarve fahren – und zwischendurch an die malerischen bayerischen Voralpenseen. Kürzlich hörte ich, dass dieser Mann meiner Bekannten für knapp 100.000 Euro einen Porsche geschenkt hatte. Auch wenn der Mann sich nicht für Ihre Interessen und Vorlieben interessierte – damit hatte er die geldwerte Gewissheit geliefert, dass er sie wirklich liebte.

Ich finde diese Geschichte geradezu erschütternd. Denn ich wage zu bezweifeln, dass dieser vermeintliche Liebesbeweis meine Bekannte dauerhaft glücklich macht. Fakt ist nämlich, dass sämtliche Urlaubsreisen nach seinem Willen geplant werden und sie sich ihm auch sonst ständig unterordnen und anpassen muss. Wo bleibt denn da die Wertschätzung? Im Alltag.

Hier – wie in den meisten meiner schwierigen Scheidungsverfahren – wird das Geld letztendlich nur als Waffe im Konflikt eingesetzt. Das muss man sich bewusstmachen. Und auch, dass großzügige Geschenke keinen Liebesbeweis darstellen.

Was Sie unbedingt regeln sollten!

Ich möchte die Wichtigkeit von Geld auf keinen Fall kleinreden. Natürlich ist Geld ein Thema, über das man sich auch in der Beziehung Gedanken machen sollte. Vor allem, wenn man zusammenlebt.

Denn es fällt doch folgendes Missverhältnis auf: Obwohl Frauen zwar die fleißigeren Bienchen sind, kommen nur die wenigsten zu Reichtum. Das liegt meiner Meinung nach nicht daran, dass sie zu blöd sind, sondern dass sie sich darüber einfach keine Gedanken machen. Sie haben schon wieder keinen Plan ...

Deshalb: Machen Sie nicht den Fehler, wenn Sie in seine Wohnung ziehen, dass er die Miete zahlt und Sie die ganzen Lebensmittelkosten. Erfahrungsgemäß essen Männer wesentlich mehr als Frauen und Sie zahlen womöglich nur drauf. Ziehen Sie also in seine Wohnung, eröffnen Sie ein gemeinsames Haushaltskonto für die Lebensmittelkosten. Wobei Sie darauf achten sollten, Ihren Anteil entsprechend Ihres Einkommens zu zahlen und nicht einfach hälftig zu teilen. Der Rest des Geldes kommt auf Ihr eigenes Konto, über das Sie frei verfügen können. Sie können sich dann auch gern darauf einigen, dass Sie einen anteilig festen Betrag an Miete beisteuern. Maximal in der Höhe, die Sie selbst für eine kleine Ein- bis Zweizimmerwohnung zahlen würden. Das mag zwar hart klingen, ist aber für Ihren Geldbeutel und Kontostand besser, als wenn Sie durch Ihre großzügige finanzielle Unterstützung bloß den Kontostand Ihres Lebenspartners aufbessern. Und ganz besondere Vorsicht gilt, wenn Sie sich unglücklicherweise einen faulen Schluffi oder beruflichen Versager geangelt haben. Dann müssen Sie sich dringend überlegen, ob Sie sich dieses Prachtexemplar wirklich leisten wollen und können. Sollten Sie ihm dann auch noch Geld leihen, so tun Sie dies niemals ohne einen Darlehensvertrag!

Andersherum sollten Sie aber auch Ihren Partner finanziell nicht überfordern. Und das kann Ihnen schon bei einem harmlosen Schaufensterbummel passieren. Deshalb meine Empfehlung: Schleppen Sie Ihren Mann niemals mit zum Einkaufen oder vor ein Juweliergeschäft! Schon durch das Betrachten der Schaufensterauslage wird er sich unter Druck gesetzt fühlen – Sie zu heiraten (wenn Sie vor den Eheringen stehen) oder sündhaft viel Geld auszugeben (wenn Sie sich irgendetwas anderes Glänzendes anschauen). Zu diesem Stress – *Muss ich ihr das nun schenken? Erwartet sie das von mir?* – gesellt sich bei den meisten Männern noch ein anderes negatives Gefühl: das der grenzenlosen Langeweile. Ich beobachte immer wieder Paare, bei denen er beim Einkaufen völlig genervt mit seinem Handy spielt – mit hängenden

Schlappohren wie ein Cockerspaniel in seinem Körbchen. Während die Frauen immer wieder aus der Kabine kommen und fragen: »Liebling, findest du diese Hose besser oder die andere?«

Mal ganz ehrlich: Männern ist es im Endeffekt doch völlig wurscht, ob die Jeans komplett dunkelblau ist oder leichte Verwaschungen aufweist. Hauptsache, Sie sehen gut darin aus. Die meisten Männer können kaum sagen, ob Sie ihm gerade eine schwarze, grüne oder gelbe Hose vorgeführt haben. Deswegen empfinden die meisten Männer Einkaufen als absolute Qual und wären garantiert lieber auf dem Fußballplatz, um sich dort mit einem Bier in der Hand das Spiel ihres Lieblingsfußballclubs anzuschauen. Lassen Sie es also, mit Ihrem Mann shoppen zu gehen! Außer Sie haben dieses seltene Exemplar erwischt, das selbst ein absoluter Modefreak ist. Aber auch dann sollten Sie ihm rechtzeitig andeuten, dass Sie eine eigene Kreditkarte dabeihaben ...

Fazit: Eine Beziehung besteht nicht nur aus Bauchgefühl, sie verlangt auch Disziplin!

Die Grundlage ist: Glorifizieren Sie nicht Ihre eigenen Eltern und deren Ehe. Stellen Sie diese Ehe nicht so dar, als ob sie das Nonplusultra gewesen wäre und man nur genau so leben und glücklich werden kann. Verstehen Sie, dass Sie mit Ihrem Partner ein *eigenes* Leben und eine *eigene* Mann-Frau-Beziehung aufbauen müssen. Und das bedeutet tatsächlich: Arbeit. Nicht nur Hausarbeit, sondern vor allem Arbeit an sich selbst. Sorgen Sie für einen sicheren

Rahmen, auch wenn es Ihnen vielleicht wiederstrebt, mit Ihrem Partner vertragliche Dinge zu klären. Das ist wichtig! Und schmeißen Sie verwaschene, ausgeleierte Klamotten in die Altkleidersammlung! Ein T-Shirt mit Löchern ist nicht einmal zum Schlafen noch gut genug.

Natürlich verlangt all das Disziplin. Aber diese Anstrengung sollte Ihnen eine über viele Jahre gut funktionierende Beziehung wert sein.

Und für den Notfall rate ich Ihnen, eine sogenannte Kriegskasse anzulegen. Damit meine ich, dass Sie dafür Sorge tragen, im Fall einer Trennung genügend Geld zu besitzen, um gegebenenfalls ausziehen, die Kaution und Miete für eine neue Wohnung zahlen und auch die ersten rechtlichen Schritte einleiten zu können. Dann haben Sie ein solides Grundgerüst für alles, was noch kommt.

4. KAPITEL

Ich will Kinder! Warum Sie jetzt besonders auf sich achten sollten – in jeder Beziehung

»Darf ich meine Playmobil-Feuerwehr einpacken?«

»Nein!«

»Und das Polizeiauto?«

»Auch nicht!«

»Dann wenigstens das Polizeiboot!«

»Nein, Henry! Das bleibt auch hier.«

Henry zieht eine Schnute. Mit einem Seufzer setzt sich Claudia neben ihren Sohn auf den Kinderzimmerboden und drückt ihn an sich. »Bei Papa hast du doch genug Spielsachen!«

Henry windet sich aus ihrer Umarmung. »Aber ich will ihm meine Feuerwehr zeigen!«, beharrt er trotzig.

Claudia streichelt ihrem Sohn über sein blondes Wuschelhaar. Dann steht sie auf, um noch die letzten Kleidungsstücke für das Papa-Wochenende einzupacken.

Sie sucht T-Shirts raus, die Henry schon ein wenig zu klein sind. Weil meistens nur etwa die Hälfte der Sachen zurückkommt. Aus demselben Grund erlaubt sie ihm auch nicht, seine Spielsachen mitzunehmen. Mal ganz abgesehen davon, dass sein Vater ihn ohnehin immer mit Spielzeug überschüttet – das er dann ebenfalls nicht mitnehmen darf.

Claudia seufzt. Sie mag diese Papa-Wochenenden nicht. Meistens ist Henry danach ganz aufgekratzt und durcheinander. Außerdem spürt sie tief drinnen ihre Angst, dass es Henry bei seinem Vater besser gefallen könnte als bei ihr zu Hause. Immerhin lebt der Vater noch in dem schönen großen Haus. Mit Garten. Seine neue Freundin ist den ganzen Tag zu Hause. Während Claudia und Henry in einer kleinen Dreizimmerwohnung leben und Claudia in Vollzeit arbeiten muss.

Es klingelt. Henry springt auf und rennt zur Tür. »Papa ist da!« Claudia strafft ihre Schultern, atmet einmal tief durch und schnappt den kleinen Reisekoffer.

»Hi, Claudia!«, begrüßt Peter sie. Ohne sie auch nur anzuschauen. »Und dann fahren wir auf die Kartbahn«, verspricht er seinem Sohn gerade. »Und abends sind wir bei Freunden von Jessica eingeladen. Stell dir vor: Die haben gerade Hundebabys!« Henry strahlt.

»Darf ich mir da einen aussuchen?«

Peter lacht. »Na, schauen wir mal!«

»Aber nicht, dass Henry wieder so spät ins Bett geht! Er ist dann immer völlig aus dem Rhythmus und kommt am Montag kaum aus dem Bett«, hört Claudia sich sagen.

Peter reagiert gar nicht. »Na, komm, mein Großer! Dann fahren wir mal!«, sagt er, und schon hüpft Henry im Treppenhaus die ersten Stufen runter. »Tschüss, Mama!«, ruft er noch. Dann verschwindet er aus Claudias Blickfeld.

»Wollt ihr einen Hund?«, fragt Claudia schrill.

»Vielleicht«, antwortet Peter vage und nimmt den Koffer.

»Na ja, deine Freundin arbeitet ja nicht. Zeit hättet ihr ja«, sagt Claudia und ärgert sich, dass sie dabei so schnippisch klingt. Sie weiß, dass Henry sich einen Hund wünscht. Wenn es bei Papa auch noch einen Hund gäbe, würde Henry wahrscheinlich gar nicht mehr zu ihr nach Hause wollen. Claudia schließt die Wohnungstür und läuft zum Fenster. Da rennt Henry gerade auf das neue Cabriolet zu, das Peter sich vor Kurzem gekauft hat. Jessica, Peters neue Freundin, steigt aus dem Wagen, um Henry mit einem strahlenden Lachen und einem Highfive zu begrüßen. Sie trägt mal wieder hautenge Jeans und eine weit ausgeschnittene Bluse. Claudia wird übel. Jessica ist mindestens 15 Jahre jünger als sie und trägt allerhöchstens Konfektionsgröße 36. Peter streitet es zwar weiterhin ab, aber Claudia ist sicher, dass sie der Grund für ihr plötzliches Beziehungsende war.

Inzwischen sitzt Henry im Wagen. Auch Peter steigt ein, dreht sich noch einmal nach hinten zu seinem Sohn um, sagt etwas zu ihm und lacht dabei ausgelassen. Auch Jessica lacht. Sie wirft ihre hellblonden Haare in den Nacken. Dann drückt Peter aufs Gaspedal und weg sind sie. In dem Moment ist es, als würde Claudias Herz zerreißen. Eigentlich müsste sie jetzt mit im Wagen sitzen. Sie ist Teil dieser Familie.

Zumindest war sie es. Bis vor Kurzem. Mit einem Kloß im Hals geht sie in die Küche, um den Frühstückstisch abzuräumen.

Ich habe drei Freundinnen aus Studienzeiten. Alle sind Scheidungsanwältinnen geworden. Und alle haben sich gegen Kinder entschieden. Zufall? Ganz bestimmt nicht. Schließlich müssen wir jeden Tag in unserem Beruf erleben, wie Eltern plötzlich zu Generälen und Kinder zu ihren kleinen Waffen werden. Jede von uns hat schon tausend Mal gesehen, dass Kinder vor gerichtlichen Anhörungen auf dem Platz vor dem Gerichtsgebäude von ihren Omas bespaßt werden, weil die Mütter um jeden Preis verhindern wollen, dass die Richter auf dem Gerichtsflur zufällig miterleben, wie hocherfreut ihre Kinder auf ihre Papas reagieren – wo man das Gericht doch gerade vom Gegenteil überzeugen möchte.

Jede von uns kennt Situationen, in denen Mütter, die gerade das Sorgerecht verloren haben, heulend zusammenbrechen. Und wenn die scheinbar ach so fürsorglichen Väter auf diese heulenden Mütter zugehen, brüllen die Kinder: »Papa, nicht wieder die Mama schlagen!«

Ein weiteres Highlight aus unserem Berufsalltag sind Kindesentziehungen. Ich bin selbst schon mit meinem Wagen quer durch die Stadt zum Flughafen gerast, um zu verhindern, dass Kinder ins Ausland verschleppt werden.

Und wir alle hatten morgens beim Aufschließen schon schockierte Mandanten vor der Kanzlei stehen, denen die »liebenden« Mütter mitten in der Nacht die verängstigten Kinder vor die Haustür gesetzt hatten, weil die nämlich keine Lust mehr hatten, sich um den Nachwuchs zu kümmern und stattdessen lieber auf Nimmerwiedersehen verschwanden. (Ja, auch das gibt es! Es sind nicht immer nur die Männer, die sich nicht um ihre Kinder kümmern.) Und jetzt denken Sie bitte nicht: Ach, das passiert doch nur bei einer leicht asozialen Klientel!

Entschuldigung, aber das ist Blödsinn! Solche Fälle habe ich sowohl bei erfolgreichen Unternehmern, als auch bei bekannten Journalisten oder wohlhabenden Familien erlebt. Nur dass diese Leute dann eben keinen Linienflug ins Ausland nehmen, sondern den Privatjet. Es ist erschreckend, wozu sich denkende, intelligente Menschen in Ausnahmesituationen – zu denen Trennungen zweifelsohne gehören – hinreißen lassen. Da ist es manchmal verständlich, dass Kinder bei besonders massiven Elternstreitereien vom Jugendamt aus den Familien genommen werden. Sie kommen dann entweder in Pflegefamilien unter oder – wenn sie bereits älter sind – in betreute Wohngruppen. Und auch das passiert nicht nur im unteren sozialen Niveau, sondern quer durch alle Gesellschaftsschichten.

Natürlich sind das Extrembeispiele. Trotzdem sollte man sich darüber im Klaren sein, was es bedeutet, ein Kind in die Welt zu setzen. Nicht nur im Extremfall, sondern generell. Ein Freund hat kürzlich bei einem Restaurantbesuch gesagt: »Wenn man keine Lust auf Sex hat, niemals Zeit für sich haben möchte und obendrein noch richtig viel Geld ausgeben will, für das man nichts bekommt, nicht einmal Dankbarkeit, dann sollte man sich unbedingt Kinder anschaffen!« Und wissen Sie, wer ihm sofort zugestimmt hat? Sämtliche anwesenden Eltern.

Überprüfen Sie Ihre Motive! (Und seien Sie dabei kritisch für zwei.)

Pamela wollte ein Kind. Unbedingt. Sie ging auf die 30 zu, zwei ihrer Freundinnen waren ebenfalls gerade schwanger und das Reisebüro, in dem sie seit zehn Jahren arbeitete, stand kurz vor der Pleite. Natürlich könnte sie sich woanders bewerben. Aber eigentlich hatte Pamela keine Lust mehr, irgendwelchen älteren Damen für ein Mini-Gehalt Bahnfahrtickets zu buchen – die interessanten Reisen buchten sich die Leute ja seit ein paar Jahren lieber selbst im Internet. Daher würde Pamela in einem anderen Büro garantiert noch weniger verdienen als jetzt. Der Zeitpunkt für ein Kind schien ihr also geradezu perfekt. Zumal auch ihr Freund nach seinem Jura-Studium nicht nur einen sicheren, sondern auch einen gutbezahlten Job beim Finanzamt gefunden hatte, mit dem er sie und das Baby locker ernähren könnte. Einziges Problem: Lars wollte nicht. Und zwar auf gar keinen Fall. Er ließ sich nicht einmal auf eine Diskussion zu diesem Thema ein. Pamela verstand gar nicht, was er gegen Kinder hatte. Zumal er sich immer ganz zauberhaft um das Kind seines besten Freundes kümmerte. Da war er sogar der Patenonkel! Das hieß ja wohl, dass ihm auch sein bester Freund zutraute, dass Lars sich gut um ein Kind kümmern konnte …

Deshalb fasste Pamela einen Entschluss, den sie nicht einmal mit ihrer besten Freundin besprach, weil sie wusste, dass er eigentlich nicht in Ordnung war: Sie wollte die Pille absetzen. Heimlich. Und wenn sie dann schwanger war, würde Lars sich sicher freuen. Pamela würde dann einfach behaupten, dass die Pille nicht gewirkt hätte. Man kannte solche Geschichten ja.

Um nicht aufzufallen, ließ sie sich weiterhin die Pille verschreiben. Und sie deponierte sie auch wie immer in der Küche im Schrank bei den Gläsern. Mit dem Unterschied: Sie steckte die kleinen Pillen nicht in den Mund, sondern warf sie in den Müll.

Lars merkte nichts. Er freute sich allenfalls, weil Pamela plötzlich wieder mehr Lust auf Sex hatte. Selbst wenn er spätabends vom Fußballtraining leicht angetrunken nach Hause kam. Ihrer Beziehung schien Pamelas heimliche Baby-Planung gut zu tun. Auch Pamelas Freundinnen meinten, Lars und sie würden wieder wie frisch verliebt wirken. Obwohl sie doch schon fast sechs Jahre zusammen waren.

Dieses Hochgefühl endete allerdings ziemlich abrupt drei Monate später. Da stellte Pamelas Frauenarzt nämlich fest, dass sie schwanger war. Eine warme Welle des Glücks überschwemmte Pamelas ganzen Körper. Sie war selig. Auf dem Weg nach Hause streichelte sie immer wieder liebevoll über ihren Bauch. Erst kurz vor der Haustür wurde ihr ein wenig mulmig. Wie sollte sie das nun Lars beibringen?

Pamela redete sich ein, dass sie doch nichts dafürkönnte. Schließlich hatte ihre Pille versagt. Ihr Frauenarzt hatte ihr gerade noch einmal bestätigt, dass das bei etwa einer von 1.000 Frauen durchaus vorkäme. Dann war sie nun eben eine davon. Da konnte sie doch nichts für ...

Das Problem war nur: Lars glaubte ihr nicht. Als sie ihm mit zerknirschtem Gesichtsausdruck, betroffener Stimme, aber verräterisch leuchtenden Augen von der Schwangerschaft erzählte, reagierte er wütend. Erst schimpfte er, weil er sich von ihr verraten fühlte. Dann sprang er auf und stapfte aus der Wohnung, wobei er die Tür hinter sich zuknallte. Zwar kam er spätnachts wieder nach Hause, beruhigen wollte er sich trotzdem nicht.

Zuerst versuchte er, Pamela zu überreden, das Kind abtreiben zu lassen. Aber das kam für sie natürlich nicht in Frage. In den ersten Wochen hatte Pamela schon Angst, Lars könnte sie womöglich verlassen. Deshalb hielt sie ihm immer wieder die angebrochene Pillenpackung unter die Nase und sagte: »Du siehst doch, dass ich die Pille genommen habe.«

Aber Lars schnaufte nur verächtlich. Er wollte mit dem Kind nichts zu tun haben. Deshalb begleitete er sie weder zu den Frauenarztterminen noch wollte er bei der Entbindung dabei sein. Während Pamela in Begleitung ihrer besten Freundin ihre kleine Tochter zur Welt brachte, ging Lars ganz normal zur Arbeit. Die Kollegen wollten natürlich auf die Geburt seines ersten Kindes anstoßen. Und als sie ihm alle so herzlich gratulierten, musste Lars dann doch ein wenig lächeln.

Pamela freute sich jedes Mal, wenn er die Kleine ansprach oder anlächelte. Auch wenn er sich weiterhin weigerte, sie zu wickeln. Vorsichtig schlug Pamela vor, dass sie doch nun auch heiraten könnten. Ein gemeinsames Kind war doch ein guter Grund. Zumal er als Finanzbeamter doch am besten wüsste, dass er dadurch Steuern sparen könnte …

Aber Lars weigerte sich. Genau wie er weiterhin ablehnte, den Kinderwagen zu schieben. Und er sah auch überhaupt nicht ein, auf einen Fußballabend zu verzichten, nur weil Mutter oder Kind gerade krank waren.

Um es kurz zu machen: Zwei Jahre später zog Lars aus. Anfangs kam er noch unregelmäßig vorbei, um seine Tochter zu sehen. Doch bald wurden seine Besuche seltener. Und dann blieben sie ganz aus.

Immerhin zahlte Lars den vorgeschriebenen Unterhalt.

Ich war kürzlich auf einer Geburtstagsfeier, zu der auch der Sohn des ausgesprochen wohlhabenden Gastgebers und dessen schwangere Freundin eingeladen waren. Der Spross ließ sich feiern wie ein kleiner Prinz, weil er offensichtlich biologisch dazu in der Lage gewesen war, ein Kind zu zeugen. Seine Freundin stand die ganze Zeit wie ein belämmertes Schaf neben ihm. Mal ein liebevoller Blick, eine zärtliche Berührung, auch nur ein Hauch von Aufmerksamkeit seinerseits? Fehlanzeige!

Mit einem Blick war mir klar, dass diese Beziehung auf Dauer nicht halten würde. Trotzdem war für den Sommer die Hochzeit geplant. Es war also nur eine Frage der Zeit, bis dieser Unternehmer-Sohn als Mandant in meiner Kanzlei auftauchen würde ... Ich musste seufzen. Denn am Ende dieses Gedankengangs sah ich wieder seine schwangere Freundin. Scheidungen mit Kindern sind meist die schlimmsten. Weil sie so emotional sind. Weil nicht nur über Jahre hinweg gestritten, Lebensenergie verschwendet und auch viel Geld in die Hand genommen wird. Sondern unweigerlich auch die Kinder zwischen die Fronten geraten. In diesem Fall ein Kind, das mit Sicherheit vor allem deshalb gezeugt wurde, weil die Freundin nach acht Jahren Beziehung endlich geheiratet werden wollte. Das ist keine bösartige Unterstellung. Ich höre es leider recht häufig, dass Frauen einen Mann mit einem gemeinsamen Kind in die Ehe gezwungen haben oder aber zwingen wollten – nach dem Motto: »Bist du nicht willig, so kriege ich ein Kind!«

Diesen Frauen sei gesagt: Solche Ehen scheitern immer! Schon deshalb, weil der Mann die Frau im Grunde seines Herzens gar nicht haben wollte. Wobei es in solchen Fällen interessanterweise gar nicht nur die Frau ist, die zur Ehe drängt. Darin unterstützt sie das gesamte soziale Umfeld. Sämtliche Kumpels aus der Clique haben schließlich aus demselben Grund geheiratet. Und sogar die Familie macht häufig Druck: »Du kannst die Frau jetzt doch nicht so hängen lassen, schließlich bekommt sie ein Kind von dir.«

Im Geschäftsleben unterstellt man Frauen ja gern eine mangelnde Durchsetzungskraft. Wenn es um ihre

Familienplanung geht, beweisen Frauen aber oft eine bemerkenswerte Zielstrebigkeit. Allerdings scheinen sie dabei häufig einen entscheidenden Punkt zu vergessen: Bei einem Kind sind auf lange Sicht mindestens *drei* Menschen beteiligt – Mutter, Vater *und* Kind. Dementsprechend verantwortungsvoll sollte eine solche Entscheidung getroffen werden. Ein Kind ist ein Lebewesen. Kein Mittel zum Zweck.

Ein Kind eignet sich auch nicht dafür, eine angeschlagene Beziehung zu kitten. Ganz im Gegenteil. Kinder neigen eher dazu, vorhandene Risse in einer Beziehung zu unüberwindbaren Schluchten zu machen. Denn auch wenn die Freude über die erste Schwangerschaft erfahrungsgemäß zunächst groß ist – spätestens nach der Entbindung verschärfen sich bestehende Probleme. Dann kommt nämlich die große Unzufriedenheit. Bei den Männern, weil sie sich nun endgültig von ihrem Thron gestoßen und vernachlässigt fühlen. Bei den Frauen, weil sich viele anfangs schwer damit tun, zu Hause zu bleiben und sich den ganzen Tag ausschließlich um das Kind zu kümmern. Ein Baby mit Zahnungsschmerzen und Flecken auf dem neuen Ralph-Lauren-Shirt anstatt Yoga-Kurs und vietnamesisches Essen in der Mittagspause. Zumal die liebevolle Unterstützung, auf die sie gehofft und die ihnen der Partner vielleicht sogar zugesagt hatte, sich häufig im Nirwana verliert – übrigens zusammen mit dem Sexleben (dazu mehr im 6. Kapitel).

Ist diese anstrengende Anfangsphase überwunden und hat sich das Paar allmählich mit der neuen Situation arrangiert, tritt häufig das Phänomen auf, dass noch ein weiteres Kind in die Welt gesetzt werden muss. Weil die Frauen inzwischen nämlich keine Lust mehr haben, wieder in die Vollzeiterwerbstätigkeit einzusteigen – schließlich haben sie sich nun an das angenehme Leben zu Hause gewöhnt (gern auch unterstützt von den Großeltern, sodass Mama sogar wieder zum Yoga gehen kann). Häufig merken die Frauen aber auch, dass die Beziehung – wie ich immer zu sagen pflege – »langsam aus dem Bahnhof fährt«. Schon aus diesem Grund muss schnell noch ein zweites Kind gezeugt werden: um der Beziehung neuen Auftrieb zu geben. Wir Scheidungsanwälte sprechen dann vom »Zweitkindschock«. Der betrifft übrigens die meisten meiner Ehescheidungen, bei denen die Beteiligten zwischen Mitte 30 und Mitte 40 sind und zwei Kinder im Alter von durchschnittlich fünf bis acht Jahren haben.

Ganz konkret bedeutet das, dass sich mit dem ersten Kind meist noch der gewohnte Lebensstandard halten ließ. Mit zwei Kindern ist das häufig nicht mehr möglich. Dazu kommt, dass spätestens nach der Geburt des zweiten Kindes dann überhaupt kein Sex mehr stattfindet. Kurzum: Die Beziehung ist am Ende. (Und da hilft dann auch der Hund nicht, der nun gern noch angeschafft wird.)

Verstehen Sie mich nicht falsch: Ich will Ihnen nicht ausreden, dass es schön ist, Kinder zu bekommen oder dass Kinder etwas Wunderbares sind und Glück und Zufriedenheit bringen. Ich möchte nur sichergehen, dass Sie sich wirklich für ein Kind entscheiden – und nicht für das, was ein Kind möglicherweise mit sich bringt: nämlich eine Ehe und damit eine vermeintliche finanzielle Absicherung durch einen Mann und die Erfüllung des Traums von einem Leben ohne Arbeit mit den Freundinnen im Café.

Sollte es Ihnen wirklich darum gehen, Mutter zu werden und sich in den kommenden Jahren liebevoll um ein Kind zu kümmern, dann sollten Sie unbedingt ein paar Dinge beachten.

Der Super-GAU: Mutter eines nichtehelichen Kindes

Der kleine Josef war krank. »Mist!«, schimpfte Nina. »Ausgerechnet heute!«

Während ihr Sohn spuckend im Bett lag, rief sie zuerst einmal den sogenannten Kindsvater an. Bei dem war sie zumindest sicher, dass er Zeit hätte. Schließlich arbeitete er selten bis gar nicht, weshalb er auch keinen Cent Unterhalt zahlte. Aber natürlich ging der Schluffi wieder mal nicht ans Telefon. Wie immer, wenn Nina anrief. Sie seufzte. Dann telefonierte sie hektisch ihre Freundinnen ab. Ihre Eltern waren gerade verreist. Auf Städtetrip. In Berlin.

Als Nina hörte, dass Josef sich wieder übergab, musste sie eine kurze Telefonpause einlegen, um noch einmal die Bettwäsche zu wechseln und ihrem Sohn etwas Frisches anzuziehen. Der Vierjährige quengelte.

»Pscht, pscht, pscht«, versuchte Nina, ihn zu beruhigen. »Soll ich dir Peppa Wutz anmachen?« Josef nickte schwach. Nina schaute auf ihre Uhr. Allmählich wurde es zeitlich knapp und sie hatte noch immer niemanden für Josef gefunden. Nach einem kurzen Blick auf ihren Kleinen, der nun blass im Bett lag und auf den Laptop-Bildschirm starrte, lief sie rüber zur Nachbarin.

Frau Steinbrück war eine ältere Dame, die ihr schon häufiger geholfen hatte. Leider war sie anscheinend nicht zu Hause. Nina klingelte noch einmal, aber es blieb still. Da nicht einmal Frau Steinbrücks kleiner Hund bellte, war klar: Die Nachbarin war unterwegs. Obwohl Nina schon ahnte, dass es nichts bringen würde, schaute sie ihre Kontakte im Handy durch und fand dort – wie erwartet – nur Frau Steinbrücks Festnetznummer. »Mist! Mist! Mist!«, meckerte sie. Dann hörte sie Josef rufen. Er musste aufs Klo.

Eigentlich wusste Nina, dass sie heute zu Hause bleiben müsste. In diesem Zustand konnte sie wirklich von niemandem verlangen, sich um ihr Kind zu kümmern. Aber Nina war neu in ihrem Job. Und sie hatte ihrem Chef versichert, dass die Kinderbetreuung geregelt war. Und ausgerechnet jetzt, in ihrer zweiten Arbeitswoche, wurde Josef krank! Dabei war Nina doch so unendlich erleichtert gewesen, diesen Job überhaupt bekommen zu haben!

Vor ihrer Schwangerschaft hatte sie als Aufnahmeleiterin beim Fernsehen gearbeitet. Aber da hatte Nina nicht nur lange Arbeitsstage, sondern auch noch total unregelmäßige Arbeitszeiten gehabt. Als sie einmal nach der Trennung von Josefs Vater ein Projekt als Aufnahmeleiterin angenommen hatte, war gleich alles zusammengekommen: schlechtes Wetter, schlechte Darsteller, technische Probleme. Anstatt wie geplant um 19 Uhr war Nina erst um kurz nach Mitternacht zu Hause. Ein solcher Job funktionierte nicht für eine alleinerziehende

Mutter. Deshalb war sie so unendlich dankbar für ihre neue Anstellung als »Mädchen für alles« in einer Werbeagentur. Ein bisschen recherchieren, ein bisschen Telefondienst, ein bisschen Organisation. Und nur 30 Arbeitsstunden pro Woche. Damit verdiente sie zwar deutlich weniger als früher, aber sie hatte zumindest relativ regelmäßige Arbeitszeiten. Die Frage war bloß, wie lange sie diesen Job haben würde, wenn sie bereits in der zweiten Woche ausfiel – dabei brauchte Nina das Geld.

Sie wurde zunehmend verzweifelt. Fast panisch. Denn offenbar blieb ihr nichts anderes übrig, als sich tatsächlich krank zu melden. Ausgerechnet heute. Am Tag einer großen Werbeproduktion, bei der sie eigentlich nicht fehlen durfte. Noch einmal rief sie Josefs Vater an. Keine Reaktion. Sie wollte gerade schon die Nummer der Agentur eingeben, da fiel ihr eine Mutter ein, die sie neulich auf dem Kinderspielplatz kennengelernt hatte. Sie wohnte im Nachbarhaus und war ebenfalls alleinerziehend. Ihr Sohn war ungefähr im selben Alter wie Josef.

Nina suchte in ihren Kontakten und fand schließlich ihre Nummer. »Mama von Elias«, stand da. Nina wusste nicht einmal genau, wie die Frau hieß ... Sie meldete sich als Ellen Sommer.

»Hallo, Ellen! Hier ist Nina, die Mama von Josef. Ich habe ein Riesenproblem ...« Und dann erzählte sie Ellen von der Zwickmühle, in der sie sich befand.

Ellen überlegte kurz. Dann sagte sie: »Ich muss leider selbst zur Arbeit. Aber wenn du keine andere Möglichkeit hast, kann ich ihn mitnehmen.« Ellen erzählte, dass sie im Sonnenstudio an der Ecke arbeitete. »Da ist es vormittags eh nicht voll. Da kann ich mich um Josef kümmern.« Ein Sonnenstudio war zwar nicht unbedingt die perfekte Umgebung für ein spuckendes Kind, aber was sollte Nina machen? Sie packte Josef schnell eine Tasche mit Wechselkleidung. Dann trug sie den jammernden Jungen rüber zu Ellen …

Ich beginne dieses Kapitel mal mit ein paar Zahlen, auf die man hin und wieder in der Tagespresse stößt: Demnach lebt über ein Drittel aller Alleinerziehenden von Hartz IV. In keiner anderen Bevölkerungsgruppe gibt es so viele von Armut betroffene Kinder wie bei den Alleinerziehenden. Von den etwa 1,6 Millionen Menschen, die alleine ein Kind versorgen, bekommt angeblich jeder zweite (!) keinen Unterhalt vom getrenntlebenden Elternteil. Und nur ein Viertel (!) aller Betroffenen erhält tatsächlich den vollen Betrag, der ihm laut Düsseldorfer Tabelle zusteht. Sie setzen sich mit einem Kind also durchaus einem gewissen finanziellen Risiko aus.

Wenn Sie sich trotzdem entschieden haben, von Ihrem auserwählten Prachtexemplar ein Kind haben zu wollen, dann fragen Sie ihn bitte auch gleich, ob er Sie nicht heiraten möchte. Ist er nicht gewillt, dann: Herzlichen Glückwunsch! Machen Sie sich bewusst, welche rechtlichen Konsequenzen das für Sie im Falle einer Trennung hat: Als Mutter eines nichtehelichen Kindes haben Sie grundsätzlich für die Dauer von sechs Wochen vor und acht Wochen nach der Geburt des Kindes einen Unterhaltsanspruch. Können Sie wegen der Schwangerschaft oder einer dadurch verursachten Krankheit nicht arbeiten, so haben Sie einen Unterhaltsanspruch bis Ihr Kind drei Jahre alt ist. Gleiches gilt, wenn Sie wegen der Betreuung Ihres Kindes nicht arbeiten können, weil Sie zum Beispiel keine Kinderbetreuungsmöglichkeit bekommen haben. Über diese Zeit hinaus verlängert sich Ihr Unterhaltsanspruch nur, solange und soweit es der Billigkeit entspricht. Das heißt: Wenn Sie sich mit einem dreijährigen Kind von Ihrem Partner trennen, kriegen Sie im schlechtesten Fall für sich kein Geld von Ihrem Partner.

Verheiratete stehen diesbezüglich deutlich besser da. Ihnen steht nach einer Trennung grundsätzlich ein Trennungsunterhalt zu – und zwar unabhängig vom Alter der Kinder. Nach der Scheidung haben sie Anspruch auf nachehelichen Unterhalt wegen der Betreuung der Kinder. Und zwar grundsätzlich bis zum dritten Lebensjahr der Kinder. Danach können Geschiedene gegebenenfalls einen Unterhalt aus nachehelicher Solidarität geltend machen – wenn das Paar zum Beispiel sehr lange verheiratet war. Außerdem kann ein nachehelicher Ehegattenunterhalt geltend gemacht werden, wenn ein sogenannter ehebedingter Nachteil besteht. Wenn die Frau zum Beispiel nachweisen kann, dass sie beruflich erfolgreicher gewesen wäre und damit jetzt ein höheres Einkommen hätte, wenn sie nicht wegen der Betreuung der Kinder nur in Teilzeit gearbeitet hätte. Und dass ihr Einkommen in Vollzeit nun geringer ausfällt, weil sie durch die Kinderbetreuung beruflich den Anschluss verpasst hat.

Aber wenden wir uns noch einmal der Variante »Kind ohne Trauschein« zu. Da müssen Sie nach einer Trennung also Vollzeit arbeiten und sind obendrein allein für die Kinderbetreuung zuständig. Außerdem tragen Sie – und das ist sozusagen die Kirsche auf dem Sahnehäubchen – zusammen mit Ihrem Ex-Partner die Kosten für die Kinderbetreuung (Kindergarten). Der Verteilungsschlüssel richtet sich nach den jeweiligen Einkommensverhältnissen von Ihnen und Ihrem Liebsten.

Ich drücke Ihnen die Daumen, dass Ihr Ex-Partner überhaupt über genügend eigenes Einkommen verfügt, sonst zahlen Sie den Kindergartenkostenbeitrag alleine. Auch bleibt Ihnen zu wünschen, dass Sie dann wenigstens zu den 25 Prozent der Alleinerziehenden gehören, die zumindest den kompletten Kindesunterhalt, der Ihnen zusteht, vom Kindesvater bekommen. Aber wie gesagt: Die Wahrscheinlichkeit ist viel höher, dass Sie zu wenig oder gar keinen Unterhalt für Ihr Kind bekommen.

Diese Wahrscheinlichkeit steigt, wenn Ihr Ex-Partner zum Beispiel selbstständig ist und sein Einkommen entsprechend nach unten korrigieren kann. Womöglich weigert sich der Kindsvater aber auch, zu arbeiten, sodass Sie gar keinen Kindsunterhalt bekommen. Gern ist er aber auch nicht mehr auffindbar, weil er sich ins Ausland verzogen hat. In diesen Fällen greift dann immerhin der Staat schützend ein, indem er Ihnen einen Unterhaltsvorschuss zahlt, der aber unter dem Mindestsatz der Düsseldorfer Tabelle liegt. Zwischen 154 und 273 Euro monatlich – je nach dem Alter des Kindes.

Besonders dramatisch trifft eine Trennung unverheiratete Frauen, die sich in der Beziehung mehrere Jahre ausschließlich um ihre Kinder gekümmert haben – eben dem klassischen Rollenmodell entsprechend: Der Vater geht arbeiten, die Frau versorgt Haushalt und Kinder. Diese Frauen stehen nach einer Trennung oft vor dem Nichts. Während der Mann Karriere machen konnte, hat die Frau weder eine berufliche Perspektive noch hat sie etwas in die Rentenkasse eingezahlt. Sie bekommt weder anteilig Rentenanwartschaften von ihrem ehemaligen Lebenspartner, noch partizipiert sie an irgendwelchen Vermögenswerten, die er im Laufe ihrer Beziehung erworben hat. Eine solche Frau ist – entschuldigen Sie, wenn ich es so deutlich formuliere – der Depp.

Leider gesellen sich zu diesen finanziellen Problemen gern noch ein paar rechtliche. So müssen Sie zum Beispiel nicht glauben, dass Sie das alleinige Sorgerecht behalten, nur weil Sie das nach der Geburt des Kindes beim Jugendamt so bestimmt haben. Denn häufig ändern die Väter – selbst, wenn sie sich bislang in keiner Weise für das Kind zuständig gefühlt haben – ganz plötzlich ihre Haltung, sobald ein Schreiben vom Jugendamt oder einem Anwalt sie zur Zahlung eines Kindsunterhalts auffordert. Prompt beantragen sie dann die Übertragung der gemeinsamen elterlichen Sorge, auf die sie nach dem Gesetz sogar einen Anspruch haben. Schlagartig zeigen sich diese Väter dann sogar derart interessiert an ihren Kindern, dass sie plötzlich den Umgang im Wechselmodell einfordern – damit die Kinder halb bei ihnen, halb bei der Mutter wohnen.

Gerade für unverheiratete Elternteile kann es finanziell also wirklich eng werden. Dementsprechend besorgniserregend finde ich es, wenn ich in der Zeitung lese, dass momentan etwa jedes dritte Kind unehelich zur Welt kommt.

Wenn Sie also ein Kind haben wollen, sollten Sie erstens heiraten und sich zweitens fragen, ob Sie das Kind oder die Kinder auch alleine ernähren können. Oder anders gesagt: Bekommen Sie nur so viele Kinder, wie Sie auch alleine versorgen können!

Die beliebteste Trennungslüge: Wir werden für unsere Kinder immer in Liebe verbunden bleiben!

Kurz vor dem Auftritt lief Birte noch einmal in das Büro der kleinen Zirkusschule, in der ihre beiden Töchter seit zwei Jahren regelmäßig trainierten. Eine blonde Frau saß vor ihrem Computer und lächelte Birte freundlich an, als diese den Raum betrat. »Kann ich Ihnen helfen?«, fragte sie.

Birte nickte. »Ich hätte eine Bitte. Wenn mein Ex-Mann anrufen sollte, könnten Sie ihm bitte nicht die neuen Trainingszeiten meiner Töchter verraten? Isabella und Sarina Kröger.«

Zuerst schaute die Frau ein wenig irritiert. Aber nachdem Birte ihr erklärt hatte, dass sie Angst habe, der Vater könne die Kinder außerhalb der vereinbarten Betreuungszeiten abholen, also quasi entführen, versprach die Mitarbeiterin der Zirkusschule, keinerlei Auskünfte zu erteilen. Sie schrieb sich sofort die Namen der Mädchen auf.

Birte bedankte sich gleich mehrmals, ehe sie erleichtert das Büro verließ. Sie wollte auf gar keinen Fall, dass ihr Ex-Mann Carsten hier plötzlich beim Training auftauchte. Deshalb hatten die Kinder kürzlich sogar den

Kurs gewechselt – mit einem neuen Trainingstag und neuen Trainingszeiten. Auch von dem Auftritt heute hatte Birte Carsten nichts erzählt. Was sollte er auch hier? Bei der letzten Vorführung vor einem Jahr hatte er ohnehin die ganze Zeit nur auf sein Handy geguckt und irgendwelche Nachrichten geschrieben. Inzwischen ahnte Birte auch, mit wem …

Als plötzlich Birtes Handy brummte, zuckte sie zusammen. Auf dem Display lachte sie Carsten an. Ein Bild aus alten Zeiten. Das musste sie unbedingt noch ändern. Birte steckte ihr Telefon in die Jackentasche. Carsten ließ lange klingeln. Und rief gleich darauf noch einmal an. Klar, es war ja auch Freitag, 16 Uhr. Und er stand gerade vor ihrer Haustür, um die Mädchen fürs Wochenende abzuholen. Pech gehabt! Hätte er sich so um die Mädchen gekümmert, wie sie sich immer gekümmert hatte, wüsste er ja, dass heute der Abschlussauftritt war, bei dem alle kleinen Artisten zeigten, was sie in dem vergangenen Jahr gelernt hatten.

Birte betrat das Zirkuszelt. Es war schon ziemlich voll. Wieder brummte ihr Telefon in der Jackentasche. Sie konnte sich vorstellen, wie wütend Carsten gerade war. Und er konnte sehr wütend werden …

Geschah ihm aber recht! Diesem Fremdgänger! Immerhin war er es doch gewesen, der sich für diese andere Frau und damit gegen ein Leben mit ihr und ihren beiden gemeinsamen Töchtern entschieden hatte. Das wussten auch Isabella und Sarina. Dass Mama und sie von Papa verlassen worden waren.

Birte biss sich auf die Unterlippe. »Ist hier noch frei?«, unterbrach ein Mann ihre Gedanken.

»Ja«, sagte Birte und beobachtete, wie der Mann wartete, bis seine Begleiterin sich gesetzt hatte, ehe auch er Platz nahm. Die beiden lachten und schauten erwartungsvoll in Richtung Manege. Birte sah sich um. In dem kleinen Zelt, in dem die Elternvorführung stattfand, entdeckte sie fast nur Pärchen. Vereinzelt entdeckte sie ein paar Großeltern oder Frauen ohne Mann. Und sie fragte sich zum wiederholten Male, was sie denn falsch gemacht hatte, dass Carsten seine Familie verlassen hatte, während alle anderen Männer blieben ...

Dieser Gedanke zwickte an ihrem Herzen. Jeden Tag. Birte holte ihr Telefon aus der Tasche und öffnete den Kalender. Nun war es schon die vierte Woche, in der sie es geschafft hatte, zu verhindern, dass Carsten die Kinder sah. Am ersten Wochenende war Isabella wirklich krank gewesen und Birte hätte es unfair gefunden, wenn Carsten Sarina alleine mitgenommen hätte. An den anderen Tagen musste Birte ein wenig tricksen. Auch auf seine Bitte, mit ihm zum Amt zu fahren, um für die Kinder einen Reisepass zu beantragen, hatte sie nicht reagiert. Sie wusste schon: Er wollte mit den Kindern nach Amerika fliegen. Nach Florida. Ins Disney World Resort. Davon hatte er schon in den vergangenen Jahren oft gesprochen. Stattdessen waren sie aber immer nach Holland gereist. In ihr kleines Ferienhäuschen direkt am Meer. Die Kinder kannten das schon und freuten sich jedes Jahr auf die kleine Strandbude mit den weltbesten

Pommes. Und auf den schönen Bastelladen, in dem es ganz besonders hübsche Aufkleber und Hefte gab.

Birte hatte keine Lust, dass die Holland-Vorfreude womöglich von dieser Amerika-Reise überlagert wurde. Und so lange sie sich weigerte, für den Pass zu unterschreiben, konnte Carsten nicht buchen. Kein Pass, keine Reise. So einfach war das.

Birte schaute noch einmal auf die Uhr. 16.30 Uhr. Inzwischen war Carsten bestimmt schon wieder zu sich nach Hause gefahren. In das tolle Haus, in dem er neuerdings mit seiner neuen Freundin lebte. Das fehlte Birte noch, dass ihre Töchter womöglich Zeit mit dieser Hexe verbrachten! Carsten war diesbezüglich ja völlig hemmungslos. Dabei hatte diese Frau ihren Töchtern den Vater genommen. Birtes Telefon klingelte. Es war schon wieder Carsten. Das Bild auf dem Display hatte Birte geschossen, als noch alles gut war. Ihr Herz klopfte ein wenig schneller. Dann steckte sie ihr Telefon in die Handtasche. Der Auftritt ging los.

Ich möchte mich an dieser Stelle noch einmal wiederholen: Überlegen Sie sich gut, mit *welchem* Mann Sie ein Kind haben wollen! Denn Sie müssen bedenken, dass Sie mit diesem Mann durch das gemeinsame Kind ein Leben lang verbunden sein werden. Sie werden gemeinsam Schulentscheidungen treffen, Ferien und andere Termine planen, Bankkonten eröffnen, Reisepässe beantragen, Kommunion oder Konfirmation feiern, später Hochzeiten oder Taufen. Schon wenn Sie mit den gemeinsamen Kindern in einer anderen Stadt leben wollen, brauchen Sie die Zustimmung Ihres Ex-Mannes. Stimmt dieser nicht zu, weil er dann sein Umgangsrecht nicht mehr regelmäßig ausüben könnte, kann es passieren, dass Sie schön in München oder sonst wo sitzen – ganz egal, ob Ihre große Liebe in Köln wohnt oder in Berlin Ihr Traumjob winkt. Kurzum: Der Vater Ihrer Kinder wird in Ihrem Leben präsent bleiben und darauf Einfluss nehmen bis die Kleinen volljährig sind. Frisch Verliebte schreien nun vermutlich innerlich laut: »Hurra!« Aber bedenken Sie, dass in Deutschland fast jede zweite Ehe geschieden wird. Natürlich klinge ich mal wieder furchtbar pessimistisch. Sie sollten sich in diesem Punkt aber auf keinen Fall ins Lalawolkenkuckucksland begeben, sondern sich klar und deutlich vor Augen führen, dass die Entscheidung für ein Kind für Ihr Leben weitreichende Konsequenzen haben wird.

Gehen Sie bloß nicht irgendwelchen Prominenten auf den Leim, die in den Boulevardblättern schwören: »Wir werden uns immer lieben. Schon wegen unserer gemeinsamen Kinder.« Glauben Sie mir: Die Realität sieht anders aus. Da wird dann knallhart darum gestritten, ob das Kind um 16 Uhr oder doch erst um 18 Uhr fürs Wochenende abgeholt wird, ob bestimmte Impfungen durchgeführt, Mittagsschlafzeiten eingehalten und gelegentliche Fast-Food-Restaurant-Besuche erlaubt werden. Neuerdings wird auch gern um das sogenannte Wechselmodell gestritten. Hier sollen die Kinder jeweils zur Hälfte bei beiden Elternteilen leben und von diesen betreut werden, nur wer zahlt dann Kleidung, Zoobesuche, Urlaube für die Kinder? Auch hierüber kann man sich vortrefflich streiten. Außerdem müssen beide

Elternteile ein voll eingerichtetes Kinderzimmer bereitstellen. Das muss man sich auch erst einmal leisten können!

Natürlich geht es bei diesen Streitereien angeblich immer nur um das Wohl der Kinder. Aber fragen Sie diese Eltern mal, warum es für die Kinder schöner sein sollte, wenn sie ihr Zuhause wöchentlich wechseln. Da fällt den Eltern meistens nichts zu ein. Weil es nämlich häufig gar nicht um die Kinder geht. Sondern ausschließlich darum, dem Partner eins auszuwischen. Aus demselben Grund werden den Kindern fürs Papa-Wochenende dann viel zu kleine Schuhe und die hässlichsten und verwaschensten Klamotten eingepackt, die sich im Kleiderschrank finden lassen. Soll der Papa doch neue Sachen kaufen ...

Eine Freundin, die mit ihrem Ex-Mann zwei Kinder hat, stand beispielsweise immer wieder wie vereinbart mit beiden Kindern und gepackten Koffern am Gartenzaun. Und wenn der Vater dann endlich auftauchte, verkündete er überraschend: »Ich nehme übrigens nur eines der Kinder mit.« Das machte er vorzugsweise dann, wenn er gehört hatte, dass seine Ex einen Mann kennengelernt hatte. Auf diese Weise konnte er nämlich schön ihre Verabredungen platzen lassen. Ging es diesem Vater um das Wohl seiner Kinder? Wohl kaum!

Besonders heikel wird es, wenn Mütter plötzlich behaupten, der Vater hätte das gemeinsame Kind geschlagen oder sexuell missbraucht. Selbst wenn sich dieser Vorwurf im weiteren Verlauf als unwahr herausstellen sollte – die Beziehung zwischen Vater und Kind ist nachhaltig beschädigt. Ebenso wie der Ruf des beschuldigten Vaters.

Glücklicherweise greifen nicht viele Eltern zu derart drastischen Mitteln. Trotzdem ist es leider nicht unüblich, dass gerade bei schwierigen Trennungen permanent schlecht über den jeweils anderen Elternteil geredet wird. »Ja, der Papa fährt wieder schön in den Urlaub. Aber für dich will er nichts zahlen!« oder »Wenn die Mama dir Schwimmsachen eingepackt hätte, könnten wir jetzt in das tolle Schwimmbad mit den vielen Rutschen fahren. Aber vermutlich waren ihr mal wieder andere Sachen wichtiger. Wie immer.« So geht es dann gern bei jeder sich bietenden Gelegenheit.

Und mal ganz ehrlich: Es ist ja oft durchaus nachvollziehbar, dass Männer und Frauen bei einer Trennung wütend aufeinander sind. Da geht es um Betrug, das mühsam ersparte Haus, das nun verkauft werden muss, um Firmen, ganze Existenzen. Sie müssen aber bedenken: Ihre Kinder leiden darunter. Und wenn Eltern zu keiner Einigung kommen, finden sie sich ganz schnell beim Familiengericht wieder. Das macht den Eltern dann klar, dass Juristen nur Rahmenbedingungen schaffen und nicht jeden kleinsten Zwischenfall zwischen den Eltern regeln können. Daher verweist das Familiengericht meistens an die Erziehungsberatungsstelle des Jugendamts.

Spätestens dann macht Ihr Leben so richtig Spaß! Dort müssen Sie nämlich – mit Hilfe eines Sozialpädagogen – Ihre ganzen ehebedingten Konflikte noch einmal aufarbeiten. Übrigens zusammen mit Ihrem geschiedenen Ehemann. Großartig!

Aber selbst, wenn Sie und Ihr Ex-Partner so reflektiert sind, dass Sie es schaffen, sich im Sinne der Kinder fair zu verhalten – dann müssen Sie sich im Falle einer Trennung erfahrungsgemäß dennoch auf folgende Probleme einstellen: In den meisten Fällen wird sich der Mann nicht um die Kinder kümmern. Auch wenn das während der Beziehung derzeit modern und üblich ist – auf Dauer wird er höchstwahrscheinlich allenfalls sein Umgangsrecht wahrnehmen. Wenn Sie viel Glück haben: 14-tägig in der Zeit von Freitag bis Sonntag und zusätzlich einen Tag in der Woche. Leider sind Väter erfahrungsgemäß selten daran interessiert, Hausaufgaben mit den Kindern zu machen – selbst wenn es notwendig wäre. Gern schieben die Väter die Kinder ohnehin zu ihren Eltern ab, also zu den Großeltern des Kindes. Da ist nicht nur die Betreuung gut, gleichzeitig sparen sich die liebenden Väter auch die Mühe, für ihre Kinder frisches Essen zu kochen. Stattdessen kaufen sie lieber in rauen Mengen Geschenke für ihre Kleinen, was für die Mütter dann die Konsequenz hat, dass der Nachwuchs völlig überdreht vom Vater zurückkommt und ein Anspruchsdenken zeigt, das sich gewaschen hat. Blöd nur, dass viele Frauen, weil sie ja während der Ehe ihre Berufstätigkeit zurückgestellt haben, finanziell nicht mit dem Vater mithalten können. (Wenn wir gerade dabei sind: Vergessen Sie die Möglichkeit, dass sich Ihr Leben bei einer Scheidung wirtschaftlich positiv verändern könnte. Das passiert ganz bestimmt nicht!)

Und ganz ehrlich: Da müssen Sie dann durch. Durch den ganzen Schlamassel. Denn Eltern bleiben Eltern. Auch nach der Trennung und Scheidung. Das sind keine leeren Worthülsen. Das entspricht der Wahrheit. Und es ist Ihnen zu wünschen, dass Sie diese Wahrheit bei einer Trennung beziehungsweise Ehescheidung nicht miterleben müssen.

Denn in den meisten Fällen laufen Trennungen längst nicht so glimpflich und freundschaftlich ab, wie das in der Boulevardpresse dargestellt wird.

Wie Sie dieses ganze Drama verhindern können

Stellen Sie sich mal vor, dass ein Mann eine Frau kennenlernt – und dieses Kennenlernen findet nicht gerade auf dem Hundeplatz oder bei einer Alpenüberquerung statt. Dann wird sich diese Frau hübsch kleiden, bei Verabredungen vielleicht hohe Schuhe anziehen. Sie wird mit ihrem Traumprinzen verrückte Dinge tun – mitten in der Nacht barfuß durch Pfützen springen, im Auto Sex haben und sich danach Pizza bestellen, die dann gemeinsam in einer langen Video-Nacht vor dem Fernseher gegessen wird. Das Leben macht Spaß, ist unbeschwert und frei.

Und jetzt stellen Sie sich diese Frau als Mutter vor. Sie wird vermutlich mindestens bei 40 Grad waschbare Klamotten tragen, da der Nachwuchs sich ja gern mit schokoverschmiertem Mund an die Mama kuschelt. Ihre Schuhe werden vor allem bequem sein, damit Mama schnell laufen und notfalls auch auf Bäume klettern kann, um den Spross, der zwar rauf, aber leider nicht wieder runterkann, vom Baum zu pflücken. Anstatt Pizza gibt's plötzlich Vollwertkost. Und nächtelange Video-Abende finden auch nicht mehr statt. Dafür ist man jetzt zu müde. Schließlich stehen die Kinder gern morgens ums sechs schon bei Mama vorm Bett – wenn die Kleinen nicht sowieso gleich im Ehebett geschlafen haben.

Sie ahnen, worauf ich hinaus will ... Ich rate Ihnen: Auch wenn Sie Mutter sind, bleiben Sie Frau! Erzählen Sie Ihrem Mann nicht nur noch, welchen Brei Ihr Kind gegessen und was die Kindergärtnerin gesagt hat. Bleiben Sie für Ihren Mann interessant! Bleiben Sie lustig! Sorgen Sie dafür, dass Sie ab und zu auch mal Zeit als Paar genießen. Bei einem Wochenend-Kurztrip oder einem gemeinsamen Schaumbad in der Wanne. Es ist tödlich für eine Beziehung, wenn Mann und Frau nur noch um ihr Kind tanzen, als wäre es das goldene Kalb.

Und wenn Ihr Mann Schokoladenpudding zum Nachtisch mag, dann kochen Sie ihm doch wie in ihrer ersten Verliebtheitsphase seinen geliebten Schokoladenpudding! Auch wenn Ihr Kind lieber Wackelpudding isst.

Der größte Fehler, den Eltern machen können, ist, ihr Kind zum Lebensmittelpunkt – oder wie ich es immer nenne: zum Projekt – zu machen. Denn Eltern sind nicht nur Mama und Papa von Jonas, Leon, Lea oder Sophie-Marie, sie sind vor allem eigenständige Menschen. Nehmen Sie sich also auch einmal Zeit für sich. Damit Sie selbst zufrieden bleiben. Bedenken Sie: Nur wenn es *allen* Beteiligten gutgeht, funktioniert eine Gemeinschaft. Es hilft nicht, wenn die Kinder wie die kleinen Prinzen leben – und die Eltern bleiben frustriert und erschöpft auf der Strecke.

Ein Kind ist leider nicht nur die Krönung einer Beziehung. Es ist immer auch eine Belastung. Deshalb empfehle ich: Besprechen Sie, schon bevor das Kind auf der Welt ist, wie Sie die Rollen verteilen wollen. Wer übernimmt welche Aufgaben? Das Modell »Gleichberechtigung« ist noch jung und unstabil. Die neuen Rollen sind längst noch nicht fest verankert. Das heißt: Alles ist verhandelbar – und sollte auch verhandelt werden. Überlegen Sie gemeinsam, wie Sie Ihr altes Leben – Hobbys, Sex, Arbeit – in Ihr Elternsein integrieren können. Reden Sie miteinander! Und zwar nicht nur darüber, wie Sie Ihren Alltag möglichst reibungslos organisieren, wann das Auto in die Werkstatt muss und wer das Kind vom Kindergarten abholt. Reden Sie über sich! Erinnern Sie sich immer mal wieder an Ihre Anfangszeit ohne Kinder. Genau diese Oasen müssen Sie sich zwischendurch immer wieder schaffen. Damit Sie ein Paar bleiben – und keine Kinder-Aufzucht-Zweckgemeinschaft werden.

Fazit: Ganz egal, wie Sie es machen – ein Risiko gehen Sie als Mutter immer ein.

Eines steht fest: Von der Traumvorstellung, dass der Mann an Ihrer Seite ein Leben lang ein Prinz bleibt, der Sie wie eine Königin und die Kinder wie kleine Prinzen und Prinzessinnen behandelt, auch wenn Sie nicht mehr (!) in seinem Schloss leben, müssen Sie sich verabschieden. Das wird er nämlich garantiert nicht tun. Deshalb sollten Sie wirtschaftlich unbedingt unabhängig bleiben! Wenn Sie arbeiten, haben sie die Möglichkeit, sich eine eigene Altersvorsorge aufzubauen. Sorgen Sie vor, indem Sie Geld sparen, das auf einem Konto liegt, dass auf Ihren Namen allein lautet. Im besten Fall erwerben Sie eine in Ihrem Alleineigentum stehende Immobilie. (Es sei denn, Ihre Eltern sind

Multimillionäre und es spielt überhaupt keine Rolle, ob Sie Geld verdienen oder nicht.) Und haben Sie kein schlechtes Gewissen, wenn Sie Ihr Kind deshalb womöglich als letztes vom Kindergarten abholen – Sie werden es als Mutter so oder so nicht richtigmachen können. Arbeiten Sie Vollzeit, sind Sie eine Rabenmutter, arbeiten Sie gar nicht, sind Sie eine faule Hausfrau beziehungsweise entwickeln sich zur Helikoptermutter.

Eines steht auf jeden Fall ab dem Tag der Geburt fest: Irgendwann sind die Kleinen groß und ziehen aus. Schon deshalb ist es wichtig, sich nicht nur auf die Rolle als Mutter zu konzentrieren, sondern immer auch Frau zu bleiben. Mit Hobbys, Freundinnen, einem Lebenspartner, einem gesunden Sexleben, romantischen Restaurantbesuchen, ungestörten Gesprächen, vielleicht viel zu vielen Schuhen und Handtaschen – eben allem, was Sie auch vor Ihrer Mutterschaft ausgemacht hat.

5. KAPITEL

Wir heiraten! Oder: Warum alle falsch feiern und bei wem die Scheidung bereits feststeht

Vera war der Typ Frau, nach dem Männer sich umdrehen. Und zwar zuverlässig. Ihre langen hellblonden Haare waren leicht gewellt. Sie trug am liebsten hautenge Jeans und konnte sich das auch erlauben. Sie hatte große blaue Kulleraugen. Und dieses Strahlen, das andere Frauen neben ihr sofort erblassen ließ. Obwohl sie intelligent war, schaffte sie zunächst nur den erweiterten Hauptschulabschluss. Während ihrer anschließenden Ausbildung zur Bürokauffrau packte sie jedoch der Ehrgeiz. Nebenbei holte sie ihre mittlere Reife nach und bewarb sich schließlich bei einem kleinen Verlag, bei dem sie in den folgenden Jahren eine beeindruckende Karriere hinlegte. Ihre Kollegen schätzten sie, weil sie

Probleme pragmatisch und schnell löste, weil sie zuverlässig, fleißig und hilfsbereit war. Mit 28 Jahren verdiente sie etwa 2.500 Euro netto. Viel Geld. Vor allem, weil sie noch zu Hause bei ihren Eltern lebte. »Wozu soll ich ausziehen?«, fragte sie ihre Freundinnen. »Ich verstehe mich prima mit meinen Eltern. Außerdem kann ich so viel Geld sparen.« Und das tat sie auch. Jeden Monat überwies sie 500 Euro auf ihr Sparkonto. Vom restlichen Geld finanzierte sie sich ein schickes Beetle Cabrio und reiste ständig in der Welt herum. Am liebsten mit ihrem Freund Daniel, der wie sie noch zu Hause bei seinen Eltern lebte, obwohl er als Schreiner bei einer großen Küchenbaufirma fast genauso viel verdiente wie sie. Auch Daniel war fleißig und ehrgeizig. Neben seiner Vollzeitstelle fing er an, maßgefertigte Kindermöbel herzustellen. Deshalb hatte er abends gelegentlich noch Kundentermine. Als Vera an einem solchen Abend gerade im Verlag ihren Computer ausschaltete, rief Daniel sie an.

»Schatz, du musst dir unbedingt eine Wohnung anschauen. Die ist ein Traum! Und die jetzigen Mieter wollen im Sommer ausziehen.«

Vera musste fast lachen, weil Daniel am Telefon so aufgeregt klang. Außerdem hatten sie bislang noch nie übers Zusammenziehen gesprochen. Dabei sprach im Grunde nichts dagegen. Sie kannten sich lange, verdienten genug. Warum also eigentlich nicht? »Wo soll ich hinkommen?«, fragte Vera deshalb.

Ein halbes Jahr später zogen sie ein. Weil beide viel Geld gespart hatten und Daniel viele ihrer Möbel selbst baute, sah es in ihrem neuen Zuhause aus wie im Schöner-Wohnen-Katalog. Seine kleine Möbelproduktion lief inzwischen so gut, dass er seine Festanstellung aufgegeben hatte. Man konnte sagen: Alles lief bestens!

Eines Abends holte Daniel Vera vom Verlag ab und schlug ihr vor, noch zur Kirchweih zu fahren. Daniel wollte unbedingt ins Riesenrad. »Du hast doch Höhenangst«, lachte Vera. Aber Daniel ließ sich nicht davon abbringen. Ganz oben, am höchsten Punkt, machte er seiner Vera einen Heiratsantrag.

Die Hochzeit wurde ein Riesenfest. Als Vera kurz darauf schwanger wurde, kauften sie einen alten Bauernhof. Mit einer großen Scheune für Daniels Tischlerei. Seine Möbel verkauften sich inzwischen so gut, dass sie nach der Geburt ihres zweiten Kindes beschlossen, dass Vera ihren Job kündigen und ebenfalls in seiner Firma arbeiten sollte. Zunächst für ein geringes Gehalt. Schließlich wollte man das junge Unternehmen nicht mit allzu hohen Personalkosten belasten. Vera schien in ihrem Leben alles richtig gemacht zu haben. Doch diese Entscheidung war ein Fehler!

Als die inzwischen etwa acht und neun Jahre alten Kinder in der Schule waren und Vera einen freien Vormittag genoss, klingelte ihr Handy. Es war Veras beste Freundin Sarah. Mit spitzen Fingern nahm Vera das Gespräch an. »Du rufst mal wieder zum perfekten Zeitpunkt an. Ich habe mir gerade die Fingernägel lackiert. Und gleich will ich los zum Sport.«

»Sitzt du?«, fragte Sarah.

Vera verstand nicht. »Ja, natürlich sitze ich. Ich habe mir doch gerade die Nägel lackiert. Warum?«

»Ich habe gerade Daniel mit einer anderen Frau erwischt.«

Plötzlich – von einer Sekunde auf die andere – flog Vera ihr ganzes scheinbar perfektes Leben um die Ohren. Zur Rede gestellt gab Daniel schließlich zu, sich in eine andere Frau verliebt zu haben. Er wollte die Scheidung. Vera vereinbarte einen Termin beim Anwalt. Es war ernüchternd. Da Vera mit 40 Jahren noch vergleichsweise jung war, kündigte ihr Anwalt an, dass in ihrem Fall die sogenannte Eigenverantwortlichkeit nach der Ehe greifen würde. Sprich: Vera bekam vielleicht noch maximal zwei bis drei Jahre Ehegattenunterhalt. Dann musste sie sich selbst versorgen. Da sie nicht weiter in Daniels Firma arbeiten konnte, musste sie sich wieder einen Job suchen. Es war aber klar, dass sie dabei nicht ihr altes Gehalt erreichen würde. Weil sie sich in ihrer alten Firma zwar hochgearbeitet hatte, von der Ausbildung her aber nicht den Stellenausschreibungen einer solchen Position entsprach. Außerdem würde sie die Hälfte ihrer Rente an ihren Ex abtreten müssen, da sie aufgrund seiner Selbstständigkeit mehr als Daniel in die Rentenversicherung eingezahlt hatte. Das konnte sie allerdings abwenden, indem sie ihm für wenig Geld das Haus überließ. Und der Wert der Firma ließ sich nicht so einfach ermitteln. Ein Rechtsstreit um die Firma würde Jahre dauern. Dafür fehlte Vera das Geld.

Mit 40 musste sie also ganz von vorne anfangen …

Warum enden eigentlich so viele romantische Liebesfilme mit einer Hochzeitsfeier? Ist eine Heirat wirklich das Nonplusultra sämtlicher rosaroter Frauenträume? Ganz ehrlich: Ich glaube, das ist tatsächlich so. Ich glaube, jede Frau möchte sich einmal in ihrem (erwachsenen) Leben für einen Tag wie eine Prinzessin fühlen. Viele meiner Mandantinnen bekommen – obwohl sie sich mitten in einer schwierigen Scheidung befinden – noch heute in meinem Besprechungszimmer glänzende Augen, wenn sie mir ihr Hochzeitskleid beschreiben. Ich bin überzeugt davon, dass Frauen – Emanzipation hin oder her – noch immer total darauf stehen, wenn ein Mann durch die Eheschließung für alle Welt sichtbar macht: Ich will diese Frau! Jede Frau möchte einmal die Auserwählte eines Mannes sein. Und dann beim Mädelsabend oder Klassentreffen (natürlich am liebsten in Anwesenheit ihrer größten Rivalin, die im Idealfall noch unverheiratet ist) sagen können: »Mein Mann und ich gehen heute ins Kino …«

Obwohl wir inzwischen im 21. Jahrhundert leben, benehmen sich viele Frauen noch immer, als wäre allein das Vorhandensein eines Ehemannes ein gesellschaftlicher Ritterschlag. Noch immer assoziieren intelligente und beruflich erfolgreiche Frauen eine Ehe vor allem mit Schutz und Sicherheit. Entsprechend schwer tun sich viele mit einer Trennung. Da verlieren sie nämlich nicht nur den Mann, sondern auch die Absicherung.

Deshalb ist das vorherrschende Gefühl nach einem Heiratsantrag erst einmal: Erleichterung. Es ist geschafft! Von diesem Moment an wird die Hochzeit als Mega-Event geplant – übrigens hauptsächlich von den Frauen, die dann gern sofort eine Diät beginnen und ins Fitnessstudio rennen, damit sie in ihrem Brautkleid möglichst so knackig aussehen wie einst Pippa Middleton.

Kosten? Nebensache! Ein Drittel der Deutschen gibt für die Feier zwischen 10.000 und 15.000 Euro aus. Viele Frauen reden über Wochen nur noch über ihr Brautkleid: Soll es eng sein, mit Trägern, trägerlos, mit Spitze, lang oder kurz? Und dann geht es weiter: Sollen die Brautschuhe in Creme gehalten werden oder doch eher in strahlendem Weiß? Soll der Schleier lang oder kurz sein? Oder trägt man besser nur ein Blumengeflecht im Haar? Nie hört man eine Braut bei der Hochzeitsplanung sagen: »Ich heirate nächste Woche und befinde mich dann automatisch im gesetzlichen Güterstand der Zugewinngemeinschaft!«

Tatsächlich kommt die überwiegende Anzahl der Menschen nämlich nicht einmal im Traum auf den Gedanken, dass sich durch eine Eheschließung auch rechtlich einiges ändert. Dass sie plötzlich Rechte und Pflichten haben, die sie vorher nicht hatten. Kaum einer wendet sich an einen Fachanwalt für Familienrecht, um sich mal erklären zu lassen, was sie bei einer Hochzeit eigentlich juristisch tun. Da wird vermutlich jede Urlaubsreise und jeder Autokauf rechtlich besser abgesichert. Und das ist ja auch schön. Von der Illusion der unendlichen Glückseligkeit lebt immerhin eine ganze Industrie – vom Weddingplaner, Hochzeitskleid-Designer bis zur Scheidungsanwältin. Sie alle profitieren davon, dass Frauen in Hochzeitsstimmung in Glückshormonen schwimmen und ohne mit der Wimper zu zucken, durchschnittlich fast 1.000 Euro für ein Brautkleid ausgegeben – das die Frau genau *einmal* tragen wird. So viel würde sie für kein anderes Kleid ausgeben.

Aber Frauen lieben eben Romantik. Es ist ja kein Zufall, dass vor allem Frauen mit einer Packung Taschentücher und einer riesigen Tafel Schokolade die schönen Rosamunde-Pilcher-Filme anschauen, um mitzuerleben, wie die hübsche Gräfin nach vielen dramatischen Wendungen doch noch den mindestens genauso attraktiven Lord eines großen Anwesens heiratet. Für immer und ewig. Genau diesen Traum wollen sich Frauen nun einmal gern erfüllen – und das können sie auch. Es ist zumindest möglich. Ich glaube an die Ehe. Gerade deshalb halte ich es für sinnvoll, sich nicht nur mit der Farbe der Tischkarten und der Anzahl der weißen Tauben zu beschäftigen. Sondern eben mit dem Gesamtpaket – also auch mit den rechtlichen Aspekten wie beispielsweise einem Ehevertrag. Das klingt zwar etwas sperrig, hat aber sogar einen romantischen Aspekt: Ehen mit Ehevertrag halten nämlich länger. Und das aus gutem Grund!

Wie ein Ehevertrag Ehen verhindern, aber auch retten kann

»Das macht er nicht!« Esther saß bei einer Scheidungsanwältin, die ihr eine Freundin empfohlen hatte, und schüttelte vehement den Kopf. »Das würde er niemals tun!« Ihre Stimme schwankte. Ihre Hände zitterten.

»Sind Sie sicher?«, hakte die Scheidungsanwältin nach, obwohl Esthers Körpersprache schon eine

eindeutige Antwort gab. Esther sackte in sich zusammen. Ihr Herz raste. Nur mühsam konnte sie ihre Tränen zurückhalten. Dann schüttelte sie langsam den Kopf. Immerhin bewies er ja gerade, dass er nicht willens war, sie zu unterstützen. Von jetzt auf gleich hatte Jens das gemeinsame Konto gesperrt und ihr per Anwalt eine Frist gesetzt, aus dem Haus auszuziehen. Esther konnte sich vorstellen, wie ihre Ex-Schwiegermutter ihren Sohn dabei noch anfeuerte. Sie hatte Esther nie leiden können. Von Anfang an nicht. Esther dachte an das erste Familienessen, zu dem sie damals eingeladen worden war. Mit Anfang 20. Es war der Geburtstag seiner Mutter. Esther war gerade von einer Rucksacktour quer durch Burma zurückgekommen. Sie wirkte völlig fehlplatziert. Mit ihrer orange gefärbten Stoppelfrisur saß sie an einem opulent gedeckten Tisch und ließ sich von einer Hausangestellten den Tee einschenken. Jens' Mutter seufzte deutlich hörbar, als sie Esther betrachtete.

Von diesem Moment an hatte Esther das Gefühl, auf Stacheldraht zu sitzen, so unwohl fühlte sie sich. Jens saß nur daneben. Und sagte gar nichts. Erst draußen auf der Straße nahm er sie in den Arm und sagte: »Das Wichtigste ist doch, dass wir uns verstehen.«

Und obwohl sie ihm damals zustimmte, hatte sie schon da das Gefühl, dass es nicht wirklich stimmte. Sie passten nicht wirklich zueinander. Die flippige Psychologie-Studentin mit ihren fröhlichen farbenfrohen Hippie-Klamotten. Und er, der brave Unternehmer-Sohn im grauen Anzug, dessen Familienbetrieb jedes Jahr locker

20 Millionen Umsatz machte. Dennoch taten sie sich damals gut. Er brachte Ruhe und Beständigkeit in ihr Leben. Sie machte seines bunter.

Als Esther nach einem Jahr Beziehung »genug von der Chemie hatte« und lieber natürlich mit Temperaturmessung verhüten wollte, hatte Jens nichts dagegen. Und als sie wenig später schwanger wurde, freute er sich sogar aufrichtig. Bei einem Zoobesuch steckte er ihr einen Brillanten an den Finger und machte ihr einen Antrag. Spätestens da war Esther überzeugt: »Das ist er! Mein Traumprinz.«

Ohne lange darüber nachzudenken, unterschrieb Esther vor der Hochzeit den Ehevertrag, den der Anwalt der Familie ihr vorlegte. Sie dachte: Das muss so sein. Wegen der Firma.

Nun starrte sie fassungslos auf das Papier, das festlegte, dass ihr nichts von alledem bleiben würde, an das sie sich in den vergangenen Jahren gewöhnt hatte: kein Auto, kein Haus, kein Geld.

»Aber Sie sind doch noch jung. Sie werden eine Arbeit finden«, sagte die Scheidungsanwältin gerade. Esther schnaubte verächtlich. Mit ihrem abgebrochenen Psychologie-Studium waren ihre Jobchancen sicher nicht die besten. »Was soll ich denn machen? Ich würde ja gern mein Studium abschließen. Aber wovon sollen mein Kind und ich denn dann leben?«

»Sie bekommen ja zumindest Kindsunterhalt.«

Esther schnaubte noch einmal. Das Geld würde nicht einmal für die Miete reichen. Esther überlegte, dass sie sicher irgendwo als Kassiererin arbeiten könnte. Gleichzeitig bekam sie Angst, dass Jens ihr dann ihren Sohn wegnahm. Immerhin konnte er dem Kleinen viel mehr bieten. Mehr Geld, mehr Spielzeug und vor allem: mehr Zeit. Welcher Richter sollte ein Kind bei seiner Mutter lassen, die Vollzeit in einem Supermarkt arbeitete und erst spätabends nach Hause kam, wenn der Vater viel Zeit hatte und obendrein noch die Oma auf demselben Anwesen lebte, die ihn bei der Betreuung unterstützen konnte?

Zwar hatte Jens ihr immer versichert, dass sie sich trotz des Ehevertrags keine Sorgen machen müsste. Er würde schon für sie und ihren gemeinsamen Sohn sorgen. Aber nun bewies er ja das Gegenteil. Wie sehr hatte sie sich in ihm getäuscht! Und wie naiv hatte sie diesen Vertrag unterschrieben!

Unter uns Scheidungsanwälten gibt es einen Spruch: »Wer im Bett liegt, sagt an!« Das heißt: Die Frau, die den Mann sexuell an der Angel hat, hat die Macht. So lange Sie mit einem Mann in einer gefestigten Partnerschaft leben, sind das also hoffentlich (und höchstwahrscheinlich) Sie. Aber Achtung! Sobald dieser Mann eine neue Partnerin liebt, wendet sich das Blatt. Und zwar ruckzuck! Konnten Sie Ihren Mann bislang gut einschätzen und eventuell sogar ein wenig lenken, ändert sich das mit einer neuen Beziehung schlagartig. Ab sofort hat die neue Frau das Sagen! Und das kann – wie Sie sich vermutlich vorstellen können – für ehemalige Partnerinnen ziemlich ungemütlich werden. Deshalb ist es absolut von Vorteil, wenn eine Frau – solange sie diejenige ist, die *ansagt* – auf einen Ehevertrag pocht. Dann kann die Neue im Bett nämlich sticheln und meckern, wie sie will – es ist alles sicher und geklärt.

Aber trotz dieses doch sehr einleuchtenden Vorteils trauen sich meiner Erfahrung nach die wenigsten Frauen, das Thema Ehevertrag auch nur anzusprechen. Weil sie den Mann nicht erschrecken wollen, aber auch, weil sie die große Illusion von der end- und grenzenlosen Liebe nicht zerstören wollen. Männer sind diesbezüglich wesentlich pragmatischer. Das erlebe ich täglich, wenn Unternehmer heiraten wollen. Noch ehe sie auch nur einen Gedanken daran verschwendet haben, wie sie ihrer Frau einen Heiratsantrag machen könnten, vereinbaren sie erst einmal einen Termin bei mir, um sich über die rechtlichen Konsequenzen einer Eheschließung beraten zu lassen. Und häufig hat sich das Thema Hochzeit danach erst einmal erledigt.

Wenn diese Männer sich dennoch für eine Heirat entscheiden, dann nur unter der Bedingung, dass ein entsprechender Ehevertrag abgeschlossen wird, der sie und das Unternehmen schützt. Daraufhin passiert etwas, was mich noch heute regelmäßig in Erstaunen versetzt: Die meisten Frauen unterschreiben diese Verträge sofort und ungeprüft. Hauptsache, der Mann heiratet sie endlich und sie bekommen ihr hübsches Brautkleid. Wenn diese Frauen ganz viel Glück haben, kann ihr Anwalt später im Scheidungsverfahren nachweisen, dass der Vertrag sittenwidrig ist oder dass die Frau beim Unterschreiben schwanger war. Denn in diesem Zustand ist den Damen offenbar kein klares Denken zuzutrauen – der Vertrag kann eventuell angefochten werden. Das wäre übrigens auch im oben geschilderten Fall von Esther vielleicht ihre Rettung gewesen ... Dabei wäre ein solcher Umweg gar nicht nötig, wenn sich die Damen rechtzeitig vernünftig mit diesem Thema auseinandersetzen und wichtige Punkte schon vorab vertraglich regeln würden.

Ist ein Vertrag für beide Seiten gerecht und ausgewogen, bin ich eine Befürworterin von Eheverträgen. Denn sie ersparen den Eheleuten im Falle einer Scheidung nicht nur viel Geld und Ärger, erfahrungsgemäß werden Ehen mit Ehevertrag sogar deutlich seltener geschieden. Das kann natürlich daran liegen, dass Menschen, die sich für einen solchen Vertrag entscheiden, grundsätzlich rationaler und weniger romantisch veranlagt sind und sich möglicherweise auch genauer überlegen, ob ihr Partner zu ihnen passt und was eine Heirat für sie bedeutet.

Allerdings bin ich überzeugt davon, dass außerdem noch ein anderer Effekt greift: Ich erlebe häufig, dass bei Männern Verständnis, Achtung und Respekt vor der Leistung ihrer Frau wachsen, wenn sie im Laufe der Vertragsverhandlung begreifen, welches Zugeständnis ihre Frau macht, wenn sie auf ihre eigene berufliche Karriere verzichtet, um sich stattdessen um die gemeinsamen Kinder zu kümmern. Erstaunlich finde ich in diesem Zusammenhang, dass viele Frauen mich beinahe ebenso überrascht ansehen wie die Männer, wenn sie hören, welche Konsequenzen ihre Mutterschaft hat. Darüber haben die meisten nämlich noch nie nachgedacht ...

Nur so ist es vermutlich auch zu erklären, dass aktuell anscheinend fast jede zweite 25- bis 59-jährige Frau in Teilzeit arbeitet. Das heißt: Diese Frauen zahlen kaum bzw. minimale Beträge in ihre eigene Altersversorgung ein. Vielen droht dadurch die Altersarmut. Trotzdem machen sich die meisten Frauen mehr Gedanken darüber, welches Paar Schuhe sie sich kaufen, als darüber, wie viel Rente sie im Alter haben werden. Dabei hätten sie mit einem Ehevertrag die Chance, sich für das Alter gut abzusichern.

Aber zurück zu den Männern: Wenn nun ein künftiger Ehemann versteht, welches Risiko seine Partnerin auf sich nimmt, um sich um die gemeinsamen Kinder zu kümmern, wird er ihre Rollenverteilung künftig ganz anders beurteilen. Nämlich als Rollenverteilung. Nicht als: Er arbeitet, während sie sich ein buntes Leben macht.

Darüber hinaus verschafft ein Ehevertrag noch einen weiteren Vorteil: Spätestens bei den Vertragsverhandlungen lässt garantiert jeder Beteiligte seine Maske fallen und zeigt sein wahres Gesicht. Ich sage ja immer: Als Scheidungsanwalt lernst du die Menschen kennen. Und obwohl ich solche Verhandlungen ja nun schon fast seit einem Vierteljahrhundert regelmäßig führe, bin selbst ich oft überrascht, wenn aus vermeintlichen Naiven plötzlich raffgierige Taktikerinnen werden oder der softe Frauenversteher im Trennungsfall sofort bereit ist, seine Partnerin eiskalt über die Klinge springen zu lassen.

Vielleicht ist das sogar ein weiterer Grund, weshalb sich viele Heiratswillige davor drücken, das Thema Ehevertrag anzusprechen. In solchen Verhandlungen ist dann nämlich Schluss mit Schokoladentorte, Mango-Sorbet und sonstigem Unsinn. Dann offenbaren die Heiratswilligen ihre tatsächliche Einstellung zum Partner. Das erlebe ich immer wieder.

In einer *tragfähigen* Beziehung kommen Mann und Frau selbstverständlich zu einer vernünftigen und für beide Seiten fairen Lösung und können letztlich einen Ehevertrag schließen der sie im Falle des Scheiterns der Ehe vor dem Schlimmsten bewahrt.

Es gibt aber auch Paare, die nach einer solchen Verhandlung gar nicht mehr heiraten, weil sie festgestellt haben, dass ihre Vorstellungen von der Ehe zu unterschiedlich und sie vor allem überhaupt nicht in der Lage sind, einen Konflikt zu lösen. Spätestens jetzt zeigt sich sehr deutlich, wenn ein Paar keine gleichberechtigte Partnerschaft führt, und häufig lässt sich danach die hübsche Illusion vom Traumprinzen – auch mit ganz viel Selbstverleugnung – nicht mehr halten. Bei Geld hört leider nicht nur die Freundschaft auf ...

Weil viele Heiratswillige – verständlicherweise – Angst vor dieser Desillusionierung haben, wird gern vorgeschoben, ein Ehevertrag sei unromantisch, ein Misstrauensbeweis und obendrein ein deutliches Zeichen dafür, dass man den anderen nicht wirklich liebe. Aus Sicht einer Scheidungsanwältin ist diese Haltung ganz großer Unsinn! Spätestens wenn Ihre Ehe scheitert, wären Sie garantiert froh, Sie hätten auf meinen Rat gehört. Ein Ehevertrag hat nichts mit Illusionen zu tun, sondern ausschließlich mit gesundem Menschenverstand.

Was Sie unbedingt vor einer Hochzeit regeln sollten

Die braunweiße Bulldogge schnarchte zufrieden. Svenja schaute sie verliebt an. »Wenn du mich mal so anstaunen würdest!«, lachte Aron und verschränkte mit gespielter Entrüstung seine Arme. Svenja knuffte ihrem Freund grinsend in die Seite. Dann rappelte sie sich vom Sofa hoch und ging in die Knie, um ihrer kleinen Donna, die nach einem langen Spaziergang schlummernd in ihrem Körbchen lag, noch einmal kurz über die weiche Schnauze zu streicheln. Der Hund war sozusagen ihr vorgezogenes Hochzeitsgeschenk. Noch dazu das schönste, das sie sich vorstellen konnte.

Ihre Freunde zogen sie schon damit auf, dass der Hund zu ihrem Ersatzbaby avancierte – zumal Aron und sie noch nicht wussten, ob sie jemals Kinder haben wollten. Auch Svenjas Eltern nannten sich neuerdings scherzhaft »Oma und Opa von einem Enkel mit Fell«.

Tatsächlich war Svenja ganz verliebt in ihre kleine Donna. Deshalb freute sie sich noch einmal mehr, dass Aron vor Kurzem von seiner Oma ein Reihenhäuschen am Rande der Stadt geerbt hatte. Mit Garten für den Hund! Und zur Not gäbe es sogar ein Kinderzimmer. Aron stöhnte zwar regelmäßig, weil das Haus in einem so schlechten Zustand war und ständig irgendwelche Reparaturen anstanden, aber Svenja nahm ihn dann jedes Mal in den Arm und meinte: »Das werden wir schon hinbekommen.«

Immerhin verdienten beide nicht schlecht. Er hatte sich gerade als Finanzberater selbständig gemacht, sie arbeitete im Außendienst für eine Pharmafirma. Insgeheim bekam Svenja trotzdem manchmal Magengrummeln, wenn sie die ganzen Rechnungen sah, die neuerdings bei ihnen eintrudelten. Es kam gerade aber auch viel zusammen: der Hund, die Hochzeit und das Haus. Deshalb hatte Svenja sich entschieden, ihr Hochzeitskleid ganz günstig secondhand zu kaufen. Auch wenn sie sich in ruhigen Momenten fragte, ob das wirklich so eine gute Idee gewesen war. Hoffentlich brachte es kein Unglück, das Kleid von einer anderen Braut zu tragen. Zumal die ihr bei der Kleiderübergabe auch noch erzählen musste, dass sie froh war, dieses Kleid endlich aus dem Haus zu haben. Weil es sie ständig an diesen miesen Typen erinnere, wie sie sagte. Dieser miese Typ hatte sie offenbar kurz vor der Hochzeit sitzenlassen.

Na, immerhin freute sich Aron, weil er so eine vernünftige Braut hatte. Svenja dagegen wäre froh, wenn ihr Zukünftiger ein bisschen weniger vernünftig wäre. Svenja hatte nicht einmal einen Verlobungsring bekommen. »Dafür hast du jetzt einen Hund. Und trägst ja bald deinen Ehering«, sagte er jedes Mal, wenn sie auf ihre leere Hand schaute. Immerhin ließ er ihr bei der Hochzeitsplanung weitestgehend freie Hand. Bei der Kleiderwahl war sie ja bereit, Abstriche zu machen. Aber es sollte doch unbedingt ein tolles Fest werden. Klein. Wirklich nur mit den besten Freunden und den liebsten

Familienangehörigen. Und natürlich mit Donna an ihrer Seite.

Aron und Svenja hatten sich von ihren Gästen Geld gewünscht. Weil sie das aktuell viel dringender brauchten als irgendwelche Nudelmaschinen oder sonstige unnütze Hochzeitsgeschenke. Es kam auch wirklich viel zusammen. Sogar so viel, dass sie keinen Kredit aufnehmen mussten.

Svenjas Eltern hatten ihrer Tochter 50.000 Euro zur Hochzeit geschenkt. »Als dein vorzeitiges Erbe«, hatte ihr Vater gesagt. Und ihre Mutter hatte hinzugefügt: »Ihr braucht doch so viel Geld fürs Haus. Vor allem jetzt, wo ihr quasi Eltern seid.« Und dabei hatte sie lachend die kleine Donna gestreichelt.

Fünf Jahre später lachte keiner mehr. Aron und Svenja hatten sich getrennt. Und nun tobte ein bitterer Scheidungskrieg. Ein Krieg, der Svenja verzweifeln ließ. Denn es zeichnete sich bereits ab: Sie würde nicht nur ihr vorzeitiges Erbe verlieren, das sie komplett in Arons Haus gesteckt hatte, sondern auch ihren geliebten Hund. Schließlich war es Aron gewesen, der damals den Kaufvertrag unterschrieben hatte.

Fälle wie diesen erlebe ich häufig. Gerade wenn Eltern oder sonstige Verwandte Geld zusteuern, sollte unbedingt an einen Ehevertrag gedacht werden. Denn sonst ist das Geld, das eine Frau wie Svenja vertrauensselig in das Haus ihres Ehemannes gesteckt hat, erst einmal weg. Informiert sich die Frau rechtzeitig, kann sie einen entsprechenden Vertrag anfertigen lassen, der selbstverständlich auch von dem Mann unterschrieben werden muss. Und schon sieht die Welt ganz anders aus: Dann ist das Geld nämlich geschützt. Dasselbe gilt übrigens für Haustiere. In einem Ehevertrag kann genau festgelegt werden, wer im Falle einer Trennung Hund, Katze und Wellensittich behalten darf.

Ich verspreche, ich versuche mich bei diesen rechtlichen Aspekten kurz zu fassen. Aber wenn wir schon mal bei diesem Thema sind, erläutere ich zumindest im Ansatz, welche Punkte man in einem Ehevertrag sinnvollerweise klären sollte:

1. Grundsätzlich befinden sich Eheleute, wenn sie heiraten, im gesetzlichen Güterstand der Zugewinngemeinschaft. Das bedeutet, dass am Ende der Ehe jeder von dem Vermögen (Sparkonten, Aktien, Bausparverträge, Immobilien) genau die Hälfte haben soll.

Solche Vermögenswerte verschieben sich, wenn ein Ehepartner zum Beispiel gespartes Vermögen (Schenkungen der Eltern vor der Ehe oder auch während der Ehe) mit in die Ehe einbringt, wenn er in der Ehe etwas erbt oder wenn ein Ehepartner sogar mit Schulden in die Ehe kommt. In all diesen Fällen sollte dringend ein Ehevertrag über die Aufteilung des Vermögens im Falle einer Scheidung geschlossen werden.

Auch sollte geregelt werden, wer im Falle einer Scheidung das gemeinsam gekaufte Haus übernimmt. Und auch die Schulden, für die die Eheleute meistens gemeinsam haften, wenn sie bei der Bank zusammen die Darlehensverträge unterschrieben haben.

2. Außerdem sollte man sich Gedanken machen, wenn man Kinder bekommt und aufgrund der Kinderbetreuung seine Vollzeiterwerbstätigkeit einschränkt beziehungsweise vielleicht auch für einige Jahre gar nicht arbeitet, wie diese Zeit im Falle einer Scheidung ausgeglichen werden soll. Möglicherweise in Form des nachehelichen Ehegattenunterhaltes. Hier sollte man ganz konkret regeln, in welcher Höhe und wie lange der Ehemann Unterhalt zu zahlen hat – vorausgesetzt, er ist der Besserverdienende.

3. Ein weiterer wichtiger Punkt ist der Versorgungsausgleich (Ausgleich der Renten). Verdient die Ehefrau zum Beispiel mehr als der Mann, muss sie im Falle der Scheidung auch ihre hälftige Rente an ihn ausgleichen. Unterm Strich verliert sie dadurch mehr Rente an ihren Ehemann als umgekehrt. Besonders dramatisch sind solche Fälle, in denen der Ehemann selbstständig ist und nicht in die Deutsche Rentenversicherung oder eine Betriebsrente eingezahlt hat, während die Frau aufgrund einer Festanstellung eine monatliche Rente erworben hat. Auch davon muss sie im Falle einer Scheidung die Hälfte an den Mann ausgleichen, da er selber keine Rentenanwartschaften in der Ehe erworben hat, sondern zum Beispiel sein Alter durch eine Immobilie oder auch durch eine Kapitallebensversicherung abgesichert hat.

Ich empfehle, zumindest diese drei relevanten Punkte vertraglich zu regeln: Güterrecht, Ehegattenunterhalt und Versorgungsausgleich. Und zwar am besten vor der Ehe. Notfalls aber auch zu einem späteren Zeitpunkt. Ein Ehevertrag kann jederzeit geschlossen werden.

Warum der angeblich schönste Tag im Leben selten wirklich schön ist

Katja saß gerade am Esstisch und bastelte die letzten fünf Tischkarten, während sie im Kopf noch einmal die Sitzordnung durchging. Sie hatte noch immer keine Idee, wo sie Nils' streitlustige Erbtante hinsetzen sollte. Am besten möglichst weit weg vom Brauttisch. Katja hatte keine Lust, den ganzen Abend zu hören, wie schlecht das Essen war, wie unhöflich die Kellner und so weiter und so fort. Tante Mona war eine richtige Gewitterhexe! Katja nannte sie immer die »maulende Myrte« – wie aus Harry Potter. Eigentlich war diese Frau keinem der Hochzeitsgäste zuzumuten.

Katja klebte schnaufend ein kleines Strasssteinchen neben den Namen ihrer Lieblingskollegin, als sie hörte, wie die Haustür aufgeschlossen wurde. Nils kam nach Hause. Der zog die Augenbrauen hoch, als er seine zukünftige Frau schon wieder zwischen unzähligen Papieren, Klebern und Stiften im Wohnzimmer entdeckte.

»Sind die etwa immer noch nicht fertig?«, fragte er und ging dann – ohne eine Antwort abzuwarten – erst einmal in die Küche. Katja biss sich auf die Unterlippe. Sie hörte, wie Nils den Kühlschrank öffnete und wieder schloss. Dann rief er: »Was essen wir heute?«

»Wir wollten doch im Restaurant essen, um noch mal mit denen die Feier durchzugehen«, antwortete Katja leicht gereizt.

»Ach, stimmt«, brummte Nils. Er klang genervt. Und Katja spürte, wie die Wut in ihr hochkochte. Wovon war ihr Freund bitte genervt? Schließlich überließ er ihr doch den ganzen Stress mit der Hochzeitsvorbereitung! Einladungskarten basteln, Ringkissen nähen, die Liederhefte für die Kirche basteln – alles blieb an ihr hängen. Und mit den Tischkarten wurde sie heute auch wieder nicht fertig.

Wenig später machte sich das Paar schlechtgelaunt auf den Weg. Bei der Besprechung mit der Restaurantbesitzerin bekamen sie sich dann gleich wieder in die Haare.

Die Frau fragte: »Sektempfang?«

Katja antwortete: »Auf jeden Fall!«

Nils – zeitgleich: »Bloß nicht!«

Wütend funkelte Katja ihren Freund an. Der blaffte gleich: »Weißt du, was das kostet?«

Während die Restaurantbesitzerin sich mit einem betretenen Gesicht, das Bände sprach, entschuldigte und vorgab, irgendetwas in der Küche erledigen zu müssen, rechnete Katja Nils auf dem Handy-Taschenrechner vor, dass sie auch mit Sektempfang im geplanten Budget bleiben würden.

»Also gut«, lenkte Nils schließlich ein, versprühte den Rest des Abends aber den Charme einer Tante Mona. Mit diesem Drachen wäre der Abend etwa genauso unterhaltsam gewesen.

Die Stimmung wurde bis zur Hochzeit kaum besser. Nils und Katja waren nur noch gestresst und in ganz schlechten Momenten überlegte Katja sogar, ob sie die Hochzeit nicht einfach abblasen sollte. Von dem großen Glücksgefühl nach dem romantischen Antrag war zumindest nichts, aber auch gar nichts geblieben. Und das Stresslevel hielt sich. Sogar am Tag der Hochzeit raste Katjas Herz eher aus Anspannung denn vor Vorfreude. Noch während die Friseurin Katja die gewünschten Locken ins Haar drehte, überlegte die Braut, wo Tante Mona sitzen sollte. Weil sie das Chaos lieber im Blick haben wollte, entschied sich Katja letztlich dazu, Tante Mona neben Nils' Eltern am Brauttisch zu platzieren.

Glücklicherweise bekam Katja von dem Gemaule der älteren Dame auf der Feier nach der Trauung nicht allzu viel mit. Schließlich war Katja als Braut ständig unterwegs. Sie musste zum Fotoshooting, Holz durchsägen, sich entführen lassen, den Brautstrauß werfen, die beste Freundin trösten, die den Strauß gefangen hatte, die Torte anschneiden, mit dem Schwiegervater tanzen, der Ersteigerung des Brautschuhs beiwohnen, mit freundlicher Miene den manchmal guten, oft auch peinlichen Reden lauschen. Als sie sich am Abend nach der Feier endlich abgeschminkt hatte und in ihren sündhaft teuren Dessous ins Schlafzimmer schlich, lag Nils schon schnarchend im Bett. Nils schnarchte immer, wenn er etwas getrunken hatte. Katja drehte sich kleine Würmchen aus Papiertaschentuch, die sie sich notdürftig in die Ohren stopfte. Dann legte sie sich zu ihm. Ins Ehebett. Jetzt endlich waren sie Mann und Frau.

Im Familienrecht gibt es zu Eheschließungen einen ganz bösen Spruch, der lautet: »Je größer die Hochzeit, desto schneller die Scheidung!« Wenn ich also am Wochenende durch die Stadt laufe und eine endlos lange hupende Autokolonne fährt an mir vorbei – vorneweg reich geschmückt mit einem gigantischen Blumengesteck das Auto des Hochzeitspaars, gefolgt von unzähligen frisch gewaschenen Wagen mit kleinen weißen Fähnchen an jeder Antenne –, dann denke ich immer: Großartig! Kundschaft!

Denn der Zusammenhang zwischen der Größe der Feier und der Dauer einer Ehe ist inzwischen sogar wissenschaftlich bewiesen: Forscher haben festgestellt, dass Ehen länger halten, wenn die Hochzeit günstig war. Die Wissenschaftler dieser Studie vermuten, dass höhere Kosten bei der Hochzeit zu finanziellen Schwierigkeiten führen. Und diese stellten womöglich eine Belastung für die Ehe dar. Ist möglich. Allerdings habe ich für dieses Phänomen noch eine andere Erklärung: Ich glaube, die meisten dieser Paare konzentrieren sich nicht auf das, worauf es bei einer Hochzeit wirklich ankommt. Auf ihre Liebe.

Nicht falsch verstehen: Ich glaube an die Ehe. Und ich glaube an die Liebe. Ich bin selbst verheiratet. Und für mich ist der Tag der Eheschließung ein sehr besonderer Tag. Aber ein Tag, der dem Brautpaar gehören sollte. Also alleine den Liebenden. Im Normalfall haben Mann und Frau an ihrem großen Tag aber überhaupt keine Zeit füreinander. Fragt man Frauen, ob ihr Hochzeitstag tatsächlich der schönste in ihrem Leben war, rümpfen die meisten bloß verächtlich ihre Nase. Für die Mehrheit der Bräute war es eher der stressigste Tag ihres Lebens.

In einer großen Studie, in der es darum ging, die größten Stressfaktoren herauszufinden, denen Menschen in ihrem Leben ausgesetzt sein können, landet die Hochzeit unter den ersten zehn Plätzen – immerhin hinter Trennung und Scheidung, aber dennoch relativ weit vorne, finde ich. Mit der großen Glückseligkeit, von der alle träumen, hat die Durchschnitts-Hochzeit wenig zu tun. Für mich passt die Art, wie Hochzeiten gefeiert werden, allerdings zu der Art, wie später Ehen geführt werden – häufig am eigentlichen Bedürfnis vorbei.

Anstatt mehrere tausend Euro zu verprassen, um dem mitfeiernden Umfeld zu zeigen: »So viel ist uns unsere Eheschließung wert!«, sollte das Brautpaar dieses Geld lieber für sich nutzen. Meiner Meinung nach. Sie sollten in das tollste Restaurant der Stadt gehen und endlich die Reise unternehmen, von der sie schon immer geträumt haben. Sie sollen den Tag feiern, indem der Mann und die Frau es sich miteinander gutgehen lassen. Ein Tag, den Mann und Frau von früh bis spät miteinander verbringen. Eben: wirklich den schönsten Tag ihres Lebens!

Fazit: Sehen Sie eine Ehe nicht nur rosarot, sondern realistisch

Auch wenn davon heute keiner etwas wissen möchte – grundsätzlich wurde die Ehe einmal eingeführt, damit die Menschen für den Staat leichter lenkbar wurden. So genossen nicht nur verheiratete Frauen und deren Kinder einen größeren Schutz, auch große Besitztümer blieben eher erhalten, weil diese nach dem Tod des Besitzers nur noch unter den ehelichen Kindern aufgeteilt wurden – und nicht unter den mitunter zahlreichen unehelichen Nachkommen.

Noch heute hat die Ehe vor allem wirtschaftliche Relevanz. Als Beispiel: Will man ein Haus bauen, wendet man sich vertrauensvoll an seine Hausbank, die den Kunden in ihr sogenanntes Ranking einordnet. Hier bekommt ein verheirateter Kunde ein besseres Ranking als der Single-Kunde. Warum? Weil man davon ausgeht, dass der verheiratete Kunde aufgrund der sozialen Bindung zu Frau und Kind mehr darum kämpfen wird, den Kredit zurückzuzahlen. Außerdem bringen sich laut Statistik weniger Verheiratete um als Singles.

Als Resümee kann man also zusammenfassen: Eine Ehe ist ein Wirtschaftsprodukt, das seit Jahrhunderten beworben und illusioniert dargestellt wird. Daher ist es zwar nachvollziehbar, wenn sich eine Frau wünscht, geheiratet zu werden, um sich den Traum von der ewigen Liebe, dem Haus mit Hund, Kind und SUV zu erfüllen – trotzdem sollte jede Frau bitte auf ihr Bauchgefühl hören, viele andere Faktoren wie gleiche Lebensplanung, Hobbys und so weiter berücksichtigen und sich gründlich überlegen, welche rechtlichen Konsequenzen eine Ehe bedeuten. Eine Ehe muss immer auch eine Vernunftehe sein! So unromantisch das klingt.

6. KAPITEL

Flaute im Bett – Wer kommt, der geht nicht

Paulina saß auf dem Badewannenrand und lauschte nach draußen. Es war still. Still war nicht gut! Schnarchen wäre besser! Deshalb beschloss Paulina, sich noch die Fußnägel zu lackieren. In diesem neuen Peach-Ton von Chanel. Malte mochte das zwar nicht, er bevorzugte die Nägel naturbelassen, aber das kümmerte Paulina nicht. Oder besser gesagt: nicht mehr. Ihr gefielen Fußnägel schon immer etwas farbenfroher. Unlackierte Nägel waren ihr ein Graus. Früher, in ihrer Anfangszeit mit Malte, da hatte sie ihre Nägel dann einfach mit einem klaren Lack überzogen. Damit sahen sie zumindest ein wenig gepflegter, aber trotzdem natürlich aus. Richtig wohl hatte sie sich damit aber nie gefühlt. Paulina hatte kaum mehr offene Schuhe getragen … Aber das war ja nun vorbei. Vorsichtig tauchte sie den Pinsel in das kleine Fläschchen und strich den überschüssigen Lack am Rand ab. So ein Fuß war schon ein hässlicher Körperteil, vermutlich der hässlichste von allen, dachte Paulina. Ein schöner Nagellack war doch die einzige Chance, ihn wenigstens ein bisschen ansehnlicher zu machen. Paulina wackelte zufrieden mit ihren Zehen. Gut sah der neue Farbton aus! Sie warf einen Blick auf die Uhr. Inzwischen hielt sie sich seit einer guten halben Stunde im Bad auf. Sie hatte sich abgeschminkt, gewaschen und ausgiebig die Zähne geputzt. Nun könnte sie sich vielleicht noch ein wenig die Brauen zupfen. Und anschließend diese Maske für die Mundpartie auflegen. Die hatte sie sich gerade erst zusammen mit dem Nagellack gekauft. Die Maske sah aus wie ein riesiger Goldmund mit Schlitz. Man musste sie sich auf den Mund kleben, das sollte angeblich die Lippen aufplustern und gleichzeitig diese fiesen kleinen Mundfältchen glätten. Paulina betrachtete sich im Spiegel, während sie ihren Mund wie ein Fisch immer wieder auf und zu klappte. Was für eine alberne Maske! Früher wäre sie jetzt so zu Malte gesprungen. Und dann hätten sie erst einmal herzlich gelacht, wie lustig Paulina aussah – und was für einen Quatsch sie sich immer aufschwatzen ließ. Jede Kosmetikerin musste nur die Worte »verringert die Falten«, »polstert die Lippen auf« oder »verkleinert die Poren« erwähnen – schon stand Paulina mit dem Produkt an der Kasse. Früher fand Malte das lustig. Heute rechnete er ihr vor, was »dieser Unsinn« kostete. Schon deshalb blieb Paulina im Bad. Samt Goldmund.

Während Paulina ihr neues Wundermittel einwirken ließ, schaute sie auf ihrem Smartphone, ob die Sandalen, die sie gestern im Internet entdeckt hatte, noch in ihrer Größe verfügbar waren. Nach längerer Suche fand sie auch noch ein Kleid, das perfekt zu dem neuen Nagellack passte. Als sie auf den Bestell-Button tippte, musste sie fast ein wenig über sich selbst den Kopf schütteln. Jetzt bestellte sie schon Kleider passend zum Nagellack …

Als sie auf die Uhr sah, staunte sie: Wie schnell die Zeit verging, wenn man im Internet surfte! Mittlerweile saß Paulina seit über einer Stunde im Badezimmer. Dass sie noch immer kein Schnarchen hörte, irritierte sie. Surfte Malte womöglich selbst gerade durchs World Wide Web? Er interessierte sich ja neuerdings für Motorräder. Lächerlich! Früher hatte er Motorradfahrer immer Organspender genannt …

Paulina griff nach ihrem Epilierer. Die Beine fühlten sich zwar superglatt an, aber ein paar feine Härchen waren seit gestern bestimmt schon wieder nachgewachsen. Ihr Telefon brummte. Eine Nachricht von ihrer besten Freundin Silvia: »Na, noch im Bad?« Paulina grinste. Bei ihrem letzten Treffen hatte Silvia nämlich erzählt, dass sie inzwischen ebenfalls viel länger im Bad brauchte als früher. »Und zwar nicht nur wegen der zunehmenden Pflegebedürftigkeit unserer immer faltiger werdenden Haut!«

Die beiden Freundinnen schrieben sich noch ein paar Mal hin und her, dann hörte Paulina aus dem benachbarten Schlafzimmer ein leises Brummen. Na, endlich! Schließlich musste Paulina ja irgendwann auch mal ins Bett! Leise schlich Paulina aus dem Bad und drückte vorsichtig die Klinke zum Schlafzimmer herunter. Es war dunkel im Raum. Malte schlief. Perfekt! Dann kam er wenigstens nicht auf die Idee, Sex mit ihr haben zu wollen. Früher, da hatten sie manchmal drei Mal am Tag Sex. In jedem Raum der Wohnung. Jetzt konnte sie sich kaum mehr im Schlafzimmer dazu aufraffen. Abends länger im Bad zu brauchen, war eine gute Taktik!

Paulina kuschelte sich unter ihre Decke und drehte Malte dabei den Rücken zu. Sie erinnerte sich daran, wie Malte und sie in den ersten Jahren ihrer Beziehung immer in Löffelchenstellung eingeschlafen waren. Das wäre ihr jetzt viel zu eng. Unvorstellbar. Paulina sog noch einmal tief die frische Luft ein. Dann schloss sie zufrieden die Augen und schlief sofort ein.

Wenn ich zusammen mit meinen Mandanten einen Prozess vorbereite, frage ich sie nicht nur nach ihren Kindern, Einkünften, Besitztümern, Schulden, Krediten und den Gründen für das Ehe-Aus. Ich frage auch nach ihrem Sexleben. Ohne Tabus. Denn nur, wenn ich auch die Abgründe des zu scheidenden Paares kenne, kann ich mich wirklich gut auf einen Prozess vorbereiten.

Eine Ehefrau, die von meinem Mandanten über Jahre hinweg mit der besten Freundin im eigenen Ehebett betrogen wurde, wird einer friedlichen Scheidung tendenziell weniger aufgeschlossen gegenüberstehen, als wenn sich das Paar einfach auseinandergelebt hat – wie man immer so schön sagt. Auch regelmäßige Bordellbesuche, Kamasutra-Seminare oder verheimlichte uneheliche Kinder erschweren mir regelmäßig meine Arbeit. Und auch sonst bietet das Thema Sex reichlich Zündstoff. Sie glauben nicht, wie häufig maßgefertigte SM-Käfige, lebensechte Gummipuppen oder anderes teures Sexspielzeug zu heftigen Streitpunkten in meinen Prozessen werden. Da stehe ich dann vor dem Richter und muss ihn davon überzeugen, dass Sexpuppe Linda unbedingt meinem Mandanten zugesprochen werden muss.

Genau wie Sex in jede gesunde Beziehung gehört, gehört die Frage danach ganz selbstverständlich zu meinem Fragenkatalog. Das Traurige ist: In den meisten Fällen kenne ich die Antwort sowieso schon. Denn die meisten meiner Mandanten hatten in den letzten Jahren ihrer Ehe überhaupt keinen Sex mehr – zumindest nicht mit ihrem Partner. Zwar gibt es seltene Fälle, in denen die Ehen gescheitert sind, *obwohl* die Paare noch regelmäßig intim waren. Aber das sind tatsächlich eher Ausnahmen.

Und da Sex beim Scheitern von Beziehungen immer eine Rolle spielt – sei es, weil er eben gar nicht mehr oder aber außerehelich stattgefunden hat –, lese ich es stets mit Interesse, wenn meine Lieblingstageszeitung mal wieder über eine neue Studie zu diesem Thema berichtet. Kürzlich las ich von einer amerikanischen Studie, nach der Paare ein bis zwei Mal pro Woche Sex hätten. Wenn ich mir überlege, wie viele unglückliche Paare diesen Schnitt nach unten ziehen, frage ich mich doch: Wie viel Sex sollen die glücklichen

Paare haben, um auf einen solch optimistischen Wochenschnitt zu kommen?

Fakt ist: Wahrscheinlich greift in kaum einem anderen Bereich so sehr der »Effekt der sozialen Erwünschtheit«. Das heißt: Da wird die wöchentliche Akt-Anzahl von den Befragten ganz schön nach oben korrigiert. Weil's besser klingt. Deshalb kriegen Sie bitte keine Panik, wenn Sie nicht jede Woche Sex haben – oder vielleicht auch einmal einen Monat lang nicht, weil Ihr Leben gerade besonders stressig und anstrengend ist. Wissenschaftler haben ohnehin festgestellt, dass nach drei bis vier Jahren Beziehung viel weniger Dopamin ausgeschüttet wird. Das heißt: Das sexuelle Verlangen lässt ganz natürlich nach. Außerdem gibt es Untersuchungen, nach denen Beziehungen mit einem weniger regen Sexualleben womöglich sogar stabiler sind, weil weniger Verlustängste herrschen. Die Partner fühlen sich sicher und müssen sich nicht durch permanenten Sex der Liebe des anderen rückversichern. Aber Achtung! Die Rede ist immer von »weniger Sex«. Nicht davon, dass er gar nicht mehr stattfindet! Ich bin überzeugt davon, dass regelmäßiger und für beide Seiten befriedigender Sex zu einer funktionierenden Beziehung dazugehört. Immerhin hat mit diesem Begehren das Ganze einmal angefangen ...

In meiner ersten Zeit als Scheidungsanwältin habe ich deshalb oft vor meinen Mandanten gesessen und mich gefragt, was in ihrer Beziehung wohl schiefgelaufen ist, dass Paare über Jahre nur noch wie Bruder und Schwester miteinander beziehungsweise nebeneinanderher gelebt haben. Schließlich kann man doch ziemlich fest davon ausgehen, dass ein Paar, das sich gerade erst kennengelernt hat – hier spreche ich jetzt vom Durchschnittsfall –, gar nicht die Hände voneinander lassen kann und täglich, vielleicht sogar mehrmals täglich, Sex miteinander hat. Was ist aus diesem anfänglichen Begehren geworden? Was ist passiert, dass es gänzlich erloschen ist?

Fest steht: Diese Veränderung passiert nicht von heute auf morgen. Zumindest habe ich noch nie von einem Paar gehört, das nach sensationellem Sex ausgelassen am Frühstückstisch saß und die Frau plötzlich sagte: »Liebling, reich mir mal bitte die Butter. Und übrigens: Ich möchte mich von dir trennen.« Das geschieht vielleicht in irgendwelchen Spielfilmen, im realen Leben ist es sehr unwahrscheinlich. Tatsächlich ist die sexuelle Entfremdung zwischen Mann und Frau ein schleichender Prozess, der von beiden zunächst gar nicht wahrgenommen wird.

Schatz, die Kinder!

Er war mal wieder in Rosenheim. Bei dieser Frau. Nadja wusste es. Aber es störte sie nicht wirklich. Wobei es ihr auch nicht völlig egal war. Ihre Gefühle waren diesbezüglich zwiespältig. Einerseits war sie froh, dass er dadurch keine Forderungen an sie stellte. Gleichzeitig stieß es sie aber auch ab. Und es ekelte sie auch, wenn er an solchen Tagen die Kinder küsste oder umarmte. Nachdem er mit seinen Händen doch diese Frau berührt hatte …

Unruhig tigerte Nadja durchs Haus. Eigentlich war sie mit einer Freundin zum Frühstücken verabredet gewesen. Doch leider hatte die kurzfristig abgesagt. Das war natürlich ärgerlich. Abgelenkt konnte sie die »Rosenheim-Vormittage«, wie sie sie immer nannte, besser ertragen. Nadja begann damit, die Küche aufzuräumen, dann ging sie in das Kinderzimmer ihres Ältesten. Tom. Er war fast sechs Jahre alt.

Nadja hob ein Spielzeug vom Boden auf und legte es ins Regal. Dann ordnete sie sein Bett, in dem er ohnehin höchstens drei oder vier Stunden verbracht hatte. Jede Nacht kam Tom rüber zu Mama und Papa. Nadja hatte es schon mit sämtlichen Tipps aus allen erhältlichen Ratgeber-Büchern probiert. Ohne Erfolg. Auch der Kinderarzt wusste keinen Rat. Er vermutete, dass es daran lag, dass Toms kleine Schwester Lena seit ihrer Geburt vor zwei Jahren bei den Eltern schlafen durfte. Lena war aber auch ein ungewöhnlich willensstarkes Kind. Schon im Krankenhaus hatte sie geschrien, wenn Nadja sie ins Babybettchen legen wollte. Und sie war sofort ruhig geworden, sobald sie bei Mama liegen durfte. Und irgendwie fand Nadja das ja auch ganz nett. Mit dem Baby im Bett. Ihrem Nesthäkchen. Vor allem, weil doch klar war, dass sie nun keine weiteren Kinder bekommen würde. Michael wollte nicht mehr. Er fühlte sich mit 45 zu alt für weitere Kinder.

Nadja lief in Lenas Zimmer. Hier lagen nur ein paar frischgewaschene Sachen auf der Kommode, die Nadja in den Schrank legen musste. Ihr Blick fiel auf die Uhr. Es war kurz nach zwölf. Allmählich sollte er in Rosenheim »fertig« sein. Wenn Michael bald nach

Hause käme, könnten sie vielleicht noch zusammen für den Kindergeburtstag am Wochenende einkaufen. Ehe sie die Kleinen aus dem Kindergarten abholen musste ...

Nadja lief schnell ins Bad, kontrollierte ihr Make-up und die Frisur und legte noch einmal Lippenstift nach. Als sie Michaels Auto in der Einfahrt hörte, schluckte sie eine kleine aufsteigende Übelkeit einfach runter. Trotzdem fiel ihre Begrüßung ein bisschen frostiger aus als sonst. Aber Michael strahlte. Er erklärte sich sogar sofort bereit, mit ihr in den Supermarkt zu fahren. Als Oberarzt im Krankenhaus waren seine freien Vormittage rar, deshalb war Nadja froh, dass er ihr bei diesem extra großen Einkauf helfen konnte. Gleichzeitig nervte sie seine gute Laune. Sie sah aus dem Seitenfenster seines Autos und konnte sich nicht dagegen wehren, sich Michael bei seiner »thailändischen Massage« vorzustellen. Inklusive Sex. »Das brauche ich ab und zu«, hatte er ihr irgendwann erklärt. Nadja fand es widerlich.

Noch am Abend musste sie daran denken. Als sie Lena ganz selbstverständlich ins Ehebett legte. Und Tom maulte, weil er zumindest in seinem eigenen Bett einschlafen sollte. Nadja dachte, das würde ihm irgendwann auch dabei helfen, durchzuschlafen. Michael hatte schon vorgeschlagen, ein extra breites Bett bauen zu lassen, in das sie alle reinpassten, damit es wenigstens nicht so eng war. Vor besonders stressigen Tagen schlief er nämlich im Gästezimmer, weil ihn die nächtliche Unruhe mit den Kindern im Bett so anstrengte.

Als Michael und sie später ebenfalls schlafen gingen, deckte Nadja ihre Lena noch einmal zärtlich zu. Sie lag mal wieder quer im Ehebett. Michael stöhnte, als er das sah, und versuchte, sich wenigstens ein bisschen Platz zu verschaffen, indem er Lena weiter in die Mitte rückte. Nadja gab ihrer Kleinen noch einen Kuss. Dann rief sie: »Gute Nacht, Schatz!« Und noch ehe Michael sein Nachtlicht ausgeschaltet hatte, hörten sie auf dem Flur leise, schnelle Schritte. Tom. Natürlich.

Die Argumente sind immer dieselben: Bei den Naturvölkern schlafen die Kinder auch bei ihren Eltern, Tiere buddeln für ihren Nachwuchs keine Extrahöhlen, außerdem ist es doch viel zu anstrengend, jede Nacht ins Zimmer der weinenden Kinder zu laufen, um sie zu beruhigen. Stattdessen scheint es die einfachste Lösung zu sein, Anna-Sophie, Emma-Marie, Ben, Paul, Jonas und wie die Kleinen momentan alle heißen, im elterlichen Bett schlafen zu lassen. Und das dann gern, bis sie sechs oder sieben Jahre alt sind. Kürzlich erzählte eine Frau auf einer Party sogar, dass ihr Sohn noch bis zu seinem dreizehnten (!) Lebensjahr regelmäßig zu ihr ins Bett gekrochen kam. Ganz ehrlich: In einem solchen Fall dürfen Sie sich wirklich nicht wundern, wenn Sie kein Sexualleben mehr haben!

Solange die Kinder klein sind – und ich meine wirklich klein! – und sie vielleicht sogar noch gestillt werden, soll es laut Studien ja durchaus förderlich sein, wenn der Nachwuchs behütet und beschützt bei seinen Eltern schlafen darf. Aber sobald die Kleinen älter werden, sollten sie doch lernen, im eigenen Bett zu übernachten. Und das nicht nur, weil es für die elterliche Beziehung förderlich ist. Nein, es ist auch für die Kinder wichtig, damit sie sich zu selbstständigen Menschen entwickeln können. (Mal ganz abgesehen davon, dass auch die Kinder davon profitieren, wenn ihre Eltern sich lieben und nicht darum streiten, ob sie die Kinder nach der Trennung nach dem Wechsel-Modell betreuen oder die Wochenend-Lösung bevorzugen.)

Entsprechend erschreckend finde ich es, zu lesen, dass angeblich jedes vierte Kind regelmäßig im Elternbett schläft. Diese Zahl passt zu dem, was ich ständig von meinen Mandanten höre. Kinder im Bett sind nämlich ein häufiges Thema – besonders für die genervten Ehemänner. Frauen scheinen damit weniger Probleme zu haben. Tendenziell ist ihre Schwierigkeit viel eher, den Nachwuchs aus ihrer nächtlichen Obhut zu entlassen. Allerdings verpufft diese vermeintliche Überfürsorglichkeit schlagartig, sobald nach der Trennung ein neuer Mann in das Leben dieser Frauen tritt. Dann können diese ehemals überfürsorglichen Mütter ihre Kinder plötzlich gar nicht mehr oft genug dem leiblichen Vater aufs Auge drücken.

Solche Beobachtungen und einige sehr ehrliche Äußerungen meiner Mandantinnen lassen mich diesbezüglich zu folgendem Schluss kommen: Die Kinder werden – auch wenn die Beteiligten das für gewöhnlich nicht gern hören – beinahe als Schutzschild ins Bett geholt. Als menschliche Abstandshalter. So nach dem Motto: »Schatz, das geht jetzt nicht. Die Kinder ...« Gleichzeitig sind diese

Kinder eine ständige Ermahnung: Das ist unsere *gemeinsame* Brut, um die wir uns *gemeinsam* kümmern müssen! Bedeutet: Bleib da, aber fass mich nicht an! Der Mann ist nur noch Erfüllungsgehilfe, nicht mehr Lebens- und Liebespartner. Die Steigerung dazu sind übrigens Mütter, die ihre Söhne quasi zu »Ersatzmännern« heranziehen. Da wird der Sohn beinahe zum Partnerersatz. Er wird betüddelt und verwöhnt und mit Aufmerksamkeiten überschüttet. Da ist es dann nur konsequent, dass dieser – wie der Vater – im Bett schlafen darf. Das Problem ist aber: Kinder werden ja größer und älter und entwachsen zwangsläufig dem Ehebett. Doch wehe, der »Kleine« schleppt irgendwann die erste Freundin an! Die wird dann glatt als Konkurrenz betrachtet! (Dieses Phänomen hat vermutlich jeder schon einmal erlebt oder zumindest beobachtet.) Zu diesem Zeitpunkt ist die Mann-Frau-Beziehung der Eltern natürlich längst gestorben ...

Um das zu verhindern, müssen Sie konsequent sein und Ihre Kinder aus Ihrem Ehebett verbannen! (Ich rede jetzt nicht davon, wenn ein Kind einmal krank ist oder schlecht geträumt hat. Selbstverständlich muss es sich dann zu Mama und Papa kuscheln kommen dürfen!) Das Bett gehört Mann und Frau. Dasselbe gilt übrigens auch für Hund, Katze oder Meerschweinchen. Auch diese Lebewesen haben im Ehebett nichts verloren! Und versuchen Sie jetzt ja nicht, sich das schön zu reden! Das kenne ich zur Genüge von meinen Mandanten – während ich ihre Scheidung vorbereite, weil sich der Partner wenig überraschend getrennt hat.

Die Alltagsfalle

Sie hatten sich auf einer Partnersuchseite kennengelernt. Allerdings nicht auf einem der üblichen Portale, deren Werbeplakate jede dritte Bushaltestelle zieren. Denn auch wenn sich da angeblich alle elf Minuten ein Single verliebt – bei Angelika hatte es nicht geklappt. Weil diese Seiten nämlich einen entscheidenden Punkt komplett außer Acht ließen: sexuelle Vorlieben. Nach mehreren horizontalen Pleiten hatte sich die Medizinstudentin auf einer Seite angemeldet, die die sexuellen Interessen ihrer Mitglieder in den Mittelpunkt rückte. So konnte Angelika genau angeben, welche Art von Sex sie sich vorstellte und geriet eben nur an Männer, die ihre Vorstellungen teilten. Selbst die Penisgröße war plötzlich kein Tabu mehr. Im Gegenzug versprach Angelika sensationelle Prostata-Massagen …

Angelikas Freundinnen waren entsetzt. Sie fanden es billig, so auf Partnersuche zu gehen. Das hatte für sie etwas von kostenloser Prostitution. Doch Angelika verstand ihre ablehnende Haltung nicht. »Was habt ihr denn? Ich zäume das Pferd doch bloß von hinten auf! Warum soll ich mich in Männer verlieben, mit denen es dann im Bett nicht klappt? Da schaue ich mir die Typen doch lieber erst im Bett an, und wenn es funktioniert, können wir uns ja immer noch kennenlernen und schauen, ob auch alles andere passt.«

Natürlich tummelten sich auf dieser Seite auch haufenweise merkwürdige Gestalten, die bei Angelika und ihren Freundinnen für ständigen Gesprächsstoff sorgten: Männer, die wie Hunde behandelt werden wollten und auf ihren Profilbildern Halsband und Leine trugen. Oder Männer, die am liebsten in Latex-Catsuits und High Heels schlüpften. Allerdings machte Angelika auch einige sehr interessante Bekanntschaften. Sie lernte einen Piloten kennen. Den Inhaber einer Marketingfirma. Und Santiago, einen Argentinier, der schon längere Zeit in Deutschland lebte und als Rettungssanitäter arbeitete. Die beiden verstanden sich großartig. In jeder Beziehung. Sie besuchten gemeinsam Clubs, in denen sie öffentlich Sex hatten. Sie bestellten sich Latexdecken, auf denen sie sich mit Öl einrieben und stundenlang Sex hatten. An manchen Wochenenden kamen sie kaum vor die Tür, weil sie die Hände einfach nicht voneinander lassen konnten. Und auf Reisen hatten sie schon das Bett eingeweiht, ehe sie auch nur einen Blick aus dem Fenster oder ins Badezimmer geworfen hatten.

Wenn Angelika sich mit ihren Freundinnen traf, dann strahlte und glühte sie vor lauter Glück, sodass auch ihre Freundinnen sich manchmal fragten, ob es nicht vielleicht doch die schlauere Art war, nach einem Partner zu suchen. Als Angelika schließlich verkündete, dass Santiago und sie heiraten wollten, meinten ihre Freundinnen bloß: »Ihr müsst euch nur etwas überlegen, was ihr den Kindern sagt, wenn sie fragen, wie ihr euch kennengelernt habt. Denen könnt ihr ja schlecht von eurer Sex-Seite erzählen!«

Angelika lachte. Sie war glücklich. Als Santiago und sie etwa ein Jahr zusammen waren, begann Angelika mit der Prüfungsvorbereitung. Zur gleichen Zeit fielen einige Kollegen von Santiago wegen Krankheit aus, sodass er häufig kurzfristig deren Dienste übernehmen musste. Und wie das natürlich immer so ist, erlitt Angelikas Katze einen Schlaganfall und brauchte seitdem besondere Pflege. Ein paar Wochen später brach sich dann auch noch Angelikas Mutter den Arm, sodass Angelika häufiger zu ihr musste, um ihr im Haushalt oder beim Einkaufen zu helfen. Und Santiagos Bruder war von seiner Frau verlassen worden und rief nun allabendlich bei Santiago an, um sich auszuheulen. Kurzum: Der Alltag wurde zunehmend fordernder, der Sex entsprechend seltener. Er spielte bei beiden zwar weiterhin eine wichtige Rolle, nur leider fühlte sich Angelika an manchen Abenden einfach zu schlapp für Sex. Ihr war dann eher nach Kuscheln. Anfangs versuchte Santiago noch, Angelika umzustimmen. Indem er ihren Nacken massierte. Indem er sie küsste. Aber irgendwann nahm er sie nur noch in den Arm und hörte ihr zu, wenn sie erzählte, was sie noch lernen musste und was der Tierarzt gesagt hatte.

Angelika merkte es ja selbst. Wenn sie mit ihren Freundinnen darüber sprach, zuckten die nur mit den Schultern und sagten: »Willkommen in der Realität!«

Auch als die Prüfungszeit vorbei war, wurde es nicht besser. Plötzlich stritten sie sich darüber, wer welche Arbeiten im Haushalt übernahm. Selbstverständlich waren beide überzeugt davon, mehr zu tun als der andere. Angelika warf Santiago vor, er würde sie beim Berufsstart zu wenig unterstützen. Santiago zog immer häufiger mit seinem Bruder um die Häuser. Der Sex, der sie anfangs so sehr verbunden hatte, fand kaum mehr statt.

Als Angelika einmal in der Mittagspause aus der Praxis nach Hause kam, weil sie ihr Portemonnaie vergessen hatte, tönte ihr schwülstige Musik entgegen. George Michael in seinen besten Zeiten, bevor alle von seiner Vorliebe für Jungs wussten. Verwundert lief Angelika durch den Flur. Sie fand Santiago in der Küche. Beim Sex mit einer anderen Frau.

Wenn ich mit einer meinen Mandantinnen im Besprechungszimmer sitze und sie mir tränenüberströmt schildert, dass ihr getrenntlebender Mann plötzlich die Kinder von der Privatschule nehmen will, um Kosten zu sparen, dass er sich aus denselben Gründen weigert, weiterhin die Reitstunden zu zahlen, dass er ihr das Mini-Cabrio weggenommen hat, damit seine neue Freundin es nutzen kann, und sie plötzlich aus dem ehemals gemeinsamen Haus ausziehen soll, weil er dort nun mit seiner Neuen leben möchte – dann fragen mich diese Frauen häufig: »Bin ich ihm denn völlig egal? Und die Kinder auch?«

Nein. Das trifft es nicht. Da greift nur wieder: »Wer im Bett liegt, sagt an.« Und das ist dann eben leider die Neue.

Nach einer längeren Durststrecke genießen es Männer, wie Frauen auch, natürlich, endlich wieder begehrt und umgarnt zu werden. Und das ist ja auch kein Wunder. Schauen Sie sich doch einmal an, wie die meisten Paare miteinander umgehen! Ich mache das gern im Hotel beim

Frühstück. Da verschwinden die Männer häufig hinter fast schrankgroßen Zeitungen und schauen höchstens mal kurz auf, wenn die attraktive Bedienung an ihnen vorbei wackelt. Währenddessen bemüht sich die Frau darum, die gemeinsamen Kinder von Müsli statt Kellogg's zu überzeugen. Sind keine Kinder da, tauscht sie sich via Facebook, Twitter, Instagram und Co. mit anderen Leuten aus. Nur nicht mit dem Partner, der gegenübersitzt und angeblich die aktuelle Beziehung darstellt.

Da ist es nicht schwierig, festzustellen, dass kein wechselseitiges Begehren mehr vorhanden ist. Ganz im Gegenteil. Das Einzige, was diese Paare noch teilen, sind ihre Alltagsprobleme. Schickte der Partner früher liebevolle Kurznachrichten, in denen er seine grenzenlose Sehnsucht und unendliche Liebe beteuerte – geschmückt mit unzähligen Herzchen und Kuss-Smileys –, kommt heute nur noch die Frage: »Was gibt's zu essen?«

In Wallung kommt das Paar allenfalls, wenn der Nachbar an einem Sonntag (!) den Rasen mäht. Oder wenn die dusselige Lehrerin mal wieder nicht die Großartigkeit des gemeinsamen Kindes erkannt hat. Ansonsten geht es nur noch darum, dass er beispielsweise nicht den Müll runtergebracht hat oder sie nach dem Föhnen ihre Haare im Waschbecken liegen lässt. Diese Unzulänglichkeiten, natürlich gibt es noch weit mehr, sind ein ständiges Thema. Auch gern mit den Freundinnen. Diese werden im Übrigen viel herzlicher begrüßt. Da wird umarmt und gelacht, man nennt sich »Süße« und streichelt sich beim Reden immer mal wieder gegenseitig über den Arm. All diese Gesten zeigen, dass man den anderen Menschen mag und ihn schätzt. Es ist eine Form von Liebe, die auch für Außenstehende deutlich zu erkennen ist.

Davon sieht man bei den meisten Paaren, die schon lange zusammen sind, leider nichts mehr ... Viele scheinen nicht einmal mal mehr gern Zeit miteinander zu verbringen. Die Männer verziehen sich zu Hause am liebsten in ihr sogenanntes Arbeitszimmer und beschäftigen sich dort mit Google oder diversen Computerspielen. Im schlimmsten Fall mit irgendwelchen Pornoseiten. Und geschlafen wird ohnehin getrennt. Weil der Partner schnarcht oder nachts immer aufwacht und dann lesen möchte. Mal ganz ehrlich: Wenn Sie bei diesen Paaren hinter die Fassade blicken, die beide noch aufrecht zu erhalten versuchen, ist klar: Die beiden können sich einfach nicht mehr riechen, sodass sie es nicht mehr ertragen, zusammen in einem Bett zu liegen. Es gibt dazu eine Studie, die bestätigt: Je weiter der Abstand, desto mehr haben sich die Paare im realen Leben voneinander entfernt.

Allerdings rede ich hier nicht davon, dass einer der Beteiligten erkrankt ist und aus gesundheitlichen Gründen in einem separaten Raum schlafen will. Ich rede auch nicht davon, dass ein Partner Grippe hat und die ganze Nacht über schnarcht und schnieft und sich der andere dann auf das Sofa verkrümelt. Ich rede davon, dass ein Partner ganz bewusst nicht mehr im selben Raum mit seinem Partner schlafen will. Wie soll da noch ein intaktes Sexleben stattfinden? Und wie könnte man es wieder ankurbeln?

Und nun wird es kompliziert: Die meisten Frauen brauchen nämlich Nähe, um Lust auf Sex zu haben. Männer dagegen versuchen eher, abhandengekommene Nähe durch Sex wiederherzustellen. Wie soll das Paar da wieder zueinanderfinden? Ein guter erster Schritt wäre, die verbale Kommunikation wiederaufzunehmen. Verbannen Sie also Zeitungen und Handys vom Esstisch! Und lassen Sie abends den Fernseher aus! Reden Sie wieder miteinander!

Noch viel besser ist es natürlich, die Beziehung gar nicht erst sprachlos werden zu lassen. Ich kenne Paare, die sich konsequent einmal pro Woche zum Reden zusammensetzen. Damit ist schon einmal ein großer Schritt zum Erhalt der Beziehung getan. Man sagt schließlich nicht ohne Grund: »Sex ist Kommunikation.« Also: Kommunizieren Sie! Sonst kommunizieren sie demnächst nämlich nur noch mit ihrer Scheidungsanwältin. Und in diese Situation kommen Sie ganz schnell. Wenn auch nicht gänzlich unerwartet. Denn es gibt ein paar deutliche Warnsignale ...

Treibt er schon Sport? Oder richtet er seinen neuen Lebensmittelpunkt auf dem Sofa ein?

Sie kannten sich schon ewig. Es waren wilde Zeiten gewesen: tolle Konzerte, abenteuerliche Partys, verrückte Klamotten. Kati und Matthias waren als Jugendliche so etwas wie Dorfpunks und in derselben Clique gewesen. Nach dem Abi waren sie zum Studieren gemeinsam in die Stadt gezogen, wo sich erst Matthias und dann auch Kati ziemlich bald normale Frisuren zulegten. Matthias wurde Lehrer, Kati Cutterin beim Film. Hatten Sie früher immer auf das bürgerliche

Spießerleben geschimpft, freuten sie sich heute, als sie den Kaufvertrag für ihre Altbau-Eigentumswohnung unterschrieben. Zur Wohnung gehörte sogar ein kleiner Garten, in dem Kati Flieder und Jasmin pflanzte, weil sie den Duft so liebte. Leider saß sie oft bis spät in der Nacht im Schnitt. Ihre Arbeitszeiten waren sehr unregelmäßig. Auch Wochenenddienste waren nicht selten. Matthias traf sich dann gern mit seinen Lehrerkollegen in einer typisch bayerischen Gastwirtschaft oder fuhr mit ihnen an den Wochenenden raus in die Berge zum Wandern. Keiner seiner Kollegen hätte ihm eine wilde Jugend zugetraut. Matthias galt eher als ruhig und angepasst und hatte Schwierigkeiten, sich bei den Schülern durchzusetzen.

Im Vergleich zu ihm war Kati geradezu ein Paradiesvogel. Sie trug noch heute gern schrille und auffällige Klamotten. Allerdings inzwischen von angesagten Designern. Sie war es auch, die darauf drängte, den coolen alten Volvo-Kombi zu kaufen anstatt des Passats, den Matthias ausgesucht hatte. Und sie bestimmte auch, dass sie eher mit einem Rucksack durch Burma wanderten, als in das schöne Hotel am Aachensee zu fahren, das ein Lehrer-Kollege von Matthias ihnen empfohlen hatte.

Rein optisch passten die beiden kaum zusammen. Und auch sonst hatten sie nicht mehr viele Gemeinsamkeiten – bis auf ihre Vergangenheit. Und ihre Erinnerungen daran. Manchmal hörten sie abends die alten Schallplatten oder suchten im Internet nach Leuten aus ihrer ehemaligen Clique oder den Bands, die sie als

Jugendliche gehört hatten. Die Sänger waren in den vergangenen 20 Jahren stark gealtert. Trotzdem trugen manche noch ihre Irokesen-Frisuren und traten sogar gelegentlich auf. Kati und Matthias sprachen immer mal darüber, zu einem Konzert ihrer alten Idole zu gehen. Tatsächlich kümmerte sich aber keiner von ihnen darum. Sie waren viel zu bequem dazu.

Und dann meldete sich Matthias plötzlich im Fitnesscenter an. Von einem Tag auf den anderen. Er, der sonst immer Klamotten getragen hatte, mit denen er in jeder Wüste farblich perfekt getarnt gewesen wäre, kaufte sich plötzlich moderne Sportklamotten in kräftigen Farben und mit riesigen Schriftzügen der jeweiligen Marke darauf. Kati erkannte ihren Mann gar nicht wieder. Während ihre Lebensmittel bislang immer bio – und zwar bio aus dem Bioladen und nicht aus dem Supermarkt – gewesen waren, stapelten sich plötzlich riesige Becher mit Eiweiß-Pulver in der Küche. Kati wurde ganz übel, wenn sie die endlos langen und unverständlichen Zutatenlisten las. Sie wunderte sich über die neue Körperfettwaage im Badezimmer und beobachtete Matthias einmal heimlich dabei, wie der den Umfang seines Oberarms maß. Als sie anfing, für die Sommerferien eine Reise durch Südamerika zu planen, schlug Matthias ihr vor, alleine oder mit einer Freundin zu fliegen, weil ihm eher nach einem Wellness-Hotel in der Nähe wäre.

Ein halbes Jahr später zog Matthias aus. In eine coole Neubauwohnung. Ohne Garten.

Wenn mir eine Frau erzählt, dass ihr Mann plötzlich Sport für sich entdeckt hat und neuerdings regelmäßig ins Fitnessstudio geht oder um den nahegelegenen See rennt, schrillen bei mir alle Alarmglocken. Ein Klischee? Aber leider eines, das vom Leben ziemlich zuverlässig bestätigt wird! Häufig läuft es wie folgt ab: Da lebt das Paar bereits seit vielen Jahren zusammen, alles ist eingespielt. Es werden immer dieselben Restaurants besucht. Ein Paar isst asiatisch, andere bevorzugen die gut bürgerliche Küche, ein drittes liebt die Sterne-Küche. Auch jeder Urlaub verläuft nach einem bestimmten Muster: Studienreise, Segeltörn, Campingurlaub, Städtetour – je nach Vorliebe. Die Freizeitgestaltung ist ebenfalls wenig überraschend: Man geht gemeinsam ins Kino. Da muss nicht einmal die Filmauswahl besprochen werden. Es besteht sowieso Einigkeit. Andere Paare haben ein Theater-Abonnement. Oder man fährt jeden Sonntag gemeinsam hunderte Kilometer mit dem Auto, um auch wirklich keinen, ich wiederhole: keinen! – Flohmarkt der Umgebung zu verpassen. Alles ist wie immer. Und dann plötzlich das: Der Mann verändert sich. Und zwar massiv. Auf einmal wird ein schicker Sportwagen gekauft – wenn er ihn sich denn leisten kann. Die Klamotten werden modischer und zugleich meist bunter. Besonders gern wird aber auch der eigene Körper zum neuen Lebensmittelpunkt des Mannes. In Bergnähe beginnt es damit, dass sich der Mann zunächst ein Mountainbike kauft. Kurz darauf fängt er an zu joggen, steigert sich dann aber bald, indem er sich neben dem Joggen auch für regelmäßiges Schwimmen begeistert. Der Höhepunkt des Ganzen ist schließlich der sogenannte Triathlon.

Nun sehen die Frauen ihren Partner nur noch höchstselten. Denn schon morgens um fünf trainieren diese Männer auf dem Hometrainer für den nächsten Marathon. Und am Wochenende heißt es dann: »Schatz, ich bin im Fitnessstudio!« Jeder Außenstehende vermutet bereits eine jüngere Geliebte, auf jeden Fall aber eine andere Frau im Leben dieses Mannes. Tatsächlich muss das gar nicht so sein.

Für die Partnerin eines solchen Extremsportlers ist das trotzdem kein Grund, erleichtert aufzuatmen, denn diese plötzliche Sportbegeisterung hat natürlich eine Ursache.

Fest steht: Der Mann macht offenbar lieber Sport, als Zeit mit Ihnen zu verbringen. Und Sie können sich auch darauf einstellen, dass er nach seinem Marathon garantiert keine Lust auf genialen Sex mit Ihnen hat. Ihre Konkurrenz hat zwar keine endlos langen Beine oder blonde Mähne – trotzdem verschafft sie ihrem Mann unter Umständen mehr Befriedigung als Sie. Kennen Sie das sogenannte Runner's High? Das ist angeblich fast so befriedigend wie ein Orgasmus.

Wenn Ihr unsportlicher und eher träger Mann also plötzlich zu sportlicher Höchstform aufläuft, sollten bei Ihnen die Alarmglocken schrillen! Dann ist es allerhöchste Zeit, dass zur Abwechslung mal wieder *Sie* für Glücksgefühle sorgen – und nicht mehr nur der Sport. (Mal ganz abgesehen von den vielen neuen Sportkameradinnen, die neuerdings das Interesse Ihres Mannes an Trainingsintervallen, den besten Laufschuhen und Eiweiß-Shakes teilen – da schießt der flaue Dopaminspiegel Ihres Partners aber ganz schnell wieder in die Höhe!)

Allerdings stürzen sich nicht alle unzufriedenen Männer plötzlich in den Sport. Ein zweites, ebenso deutliches Warnsignal ist das genaue Gegenteil: Das ist der Typ, der zu Beginn der Beziehung sehr viel Wert auf sein gepflegtes Äußeres gelegt und regelmäßig Sport getrieben hat, und sich dann zum absoluten Couchpotato entwickelt. Bedauerlicherweise mit der Konsequenz, dass er nicht nur jeden Abend auf dem Sofa vor dem Fernseher mindestens eine Chipstüte leert, sondern sich dies Verhalten auch deutlich an seinem wachsenden Bauchring zeigt. Zu Beginn dieser Entwicklung sagen Sie sich noch: »Es kommt auf die inneren Werte an.« Sie wollen schließlich nicht so oberflächlich sein und sich von ein wenig Bauchspeck abschrecken lassen! Trotzdem erwischen Sie sich dabei, dass sie manchmal wütend reagieren, wenn Sie ihn da so mit seinen Chips auf dem Sofa sehen. Sie beginnen damit, ihn unzufrieden zu beäugen, wenn er nackt und ungelenk aus der Badewanne steigt. Der dicke Bauch erinnert sie von der Größe her schon fast an den schönen Strickpouf, den Sie kürzlich gekauft haben. Auf den er sich aber noch nie gesetzt hat, weil er mit zunehmendem Gewicht auch zunehmend unbeweglicher wird. Um es kurz zu fassen: Seine Attraktivität lässt für Sie extrem nach. Diese Entwicklung wird dramatisch beschleunigt, weil er plötzlich nur noch bequeme Hosen trägt, weil die ja am Bauch nicht so drücken. An seinen arbeitsfreien Tagen bleibt er am liebsten in Jogginghosen auf dem Sofa liegen. Gern auch mit ungepflegten Fuß- und Fingernägeln. Rasieren will er sich allenfalls noch im Gesicht, an allen anderen Stellen wächst und wuchert es völlig unkontrolliert. Und während Sie mit

Bedauern diese Entwicklung beobachten, klammert sich Ihr Liebster fest an seine Chipstüte.

Sexualkontakte finden schon lange nicht mehr statt. Weil es die Frau vor diesem Mann, den sie ja ganz anders kennengelernt hat, irgendwann ekelt. Allerdings stellt sich mir dann die Frage, ob nicht vielleicht erst das sexuelle Interesse der Frau nachgelassen hat und sich der Mann daraufhin eine Ersatzbefriedigung gesucht hat. Es heißt schließlich nicht umsonst: Essen ist der Sex des Alters ... Aber wie auch immer es zu dieser Situation kam: Egal, ob Sie bei Ihrem Partner eine Couchpotato-Entwicklung oder eine übergroße Sportbegeisterung feststellen – Sie sollten reagieren! Wie meistens im Leben haben Sie mehrere Möglichkeiten.

Möglichkeit 1: Sie schlafen trotzdem mit Ihrem Partner

Seien Sie sich darüber im Klaren: Eine Bruder-Schwester-Beziehung hält nicht ewig! Es sei denn, Sie befinden sich bereits jenseits des 70. Lebensjahrs. Ansonsten werden Sie (dann haben Sie Glück) oder Ihr Partner (dann haben Sie Pech) irgendwann aus dieser Beziehung ausbrechen. Spätestens wenn eine neue Kollegin oder ein neuer Kollege auftaucht und deutliches (sexuelles) Interesse zeigt. Oder einer der Partner beim Einkaufen oder an der Tankstelle einen alten Schulfreund oder eine Schulfreundin wiedertrifft, zusammen noch eine Tasse Kaffee trinkt und – bums! – ist es geschehen. Ich spreche nicht von einem ganz bewussten Ausbruch. Irgendwann übernehmen die Paarungshormone die Kontrolle und der Dopaminspiegel steigt wieder. Wenn es bei Ihnen zuerst geschieht: Herzlichen Glückwunsch! Dann haben Sie Ihr Schicksal zumindest selbst in der Hand. Ist es allerdings Ihr Mann, der aus der Beziehung ausbricht, können Sie Ihr Schicksal kaum mehr beeinflussen, zumal Männer gern schweigend ihre Taschen packen, aus der Tür spazieren und nie mehr gesehen werden.

Das höre ich ständig von meinen Mandantinnen. Der Versuch, das Problem zu lösen? Ein Trennungsgespräch? Fehlanzeige! Die einzige Kommunikation, die dann noch zwischen dem Paar stattfindet, sind die Briefe der Anwälte. Oder lautstarke Streitereien bei den Kinder-Übergaben ...

Wenn Sie also der Meinung sind, Ihre Beziehung hat eine Chance und Sie spüren noch einen Funken Begehren für Ihren Mann, dann probieren Sie es noch einmal und schlafen Sie mit ihm. Ansonsten werden seine Paarungshormone nämlich nicht Sie beglücken, sondern eine andere Frau – seine Sportskameradin oder die Frau an der Supermarktkasse, wo er immer seinen Chips-Nachschub kauft.

Möglichkeit 2: Sie wollen ihn nicht mehr

Wenn es Sie einfach graust, ekelt oder aber Ihr Aggressionspotenzial ihm gegenüber – wenn auch unterdrückt – so groß ist, dass Sie sich nicht mehr zum Sex überwinden können, bleibt eigentlich nur eins: Machen Sie sich einen strategischen Plan B! Kümmern Sie sich um Ihre Finanzen, regeln Sie Ihre Berufstätigkeit. Und vor allem: Gestehen Sie sich ein, dass diese Beziehung gelaufen ist. Und trennen Sie sich!

Natürlich können Sie sich jetzt noch der Illusion hingeben, Sie könnten irgendeine Paartherapie machen. Nur zu! Ich bin ein großer Fan solcher Rettungsversuche. Weil die Trennung dann gewöhnlich einvernehmlicher vonstattengeht und für alle Beteiligten weniger teuer und anstrengend wird, als wenn es sich um hochstreitige Verfahren handelt. An dem fehlenden sexuellen Begehren wird aber keine Paartherapie oder Mediation dieser Welt noch etwas ändern. Sämtliche Mandanten, die sich im Laufe des Scheidungsverfahrens doch noch einmal mit ihren Partnern zusammengerauft haben, sitzen irgendwann wieder in meiner Kanzlei, um sich scheiden zu lassen – nur eben ein paar Jahre älter.

Fazit: Sex ist reines Vergnügen.
Und manchmal auch Arbeit.

Wenn Sie glauben, den richtigen Mann für Ihr Leben gefunden zu haben, geben Sie sich alle Mühe, dass die sexuelle Spannung erhalten bleibt – und zwar sowohl von Ihrer als auch von seiner Seite! Damit meine ich nicht, dass Sie künftig nur noch in High Heels putzen und in verruchten Dessous das Abendessen zubereiten sollen. Das halte ich für Unsinn. Wichtig sind die kleinen Gesten.

Mein Lieblings-Beispiel: Mann und Frau stehen nebeneinander an einem Doppelwaschbecken. Die Frau langt nach ihrer Zahnbürste, die auf der Seite des Mannes steht. Bei einer intakten Beziehung wird sie dabei ganz selbstverständlich dem Mann über den Arm streicheln oder über die Schulter oder ihm einen Kuss geben. Das ist das, was

Sie wieder erreichen müssen! Genau das ist wechselseitiges Begehren, das eine funktionierende Mann-Frau-Beziehung ausmacht! Es geht nicht darum, das Level der Anfangszeit zu halten und nach dem Kuss am Waschbecken sofort Sex zu haben. Es geht darum, den anderen weiterhin attraktiv zu finden, ihn gern anzuschauen und anzufassen und ihn gern zu riechen.

Auf gar keinen Fall sollten Sie – wie leider viele Frauen – den Wunsch haben, abends möglichst lang alleine vor diesem Doppelwaschbecken zu stehen, in der Hoffnung, dass Ihr Mann bereits schläft, bis Sie sich neben ihn legen.

Das ist keine Lösung. Das ist Zeitverschwendung.

Und noch ein letzter Tipp zum Thema Sex

Hüten Sie sich davor, Ihre Intimitäten mit Ihrer sogenannten besten Freundin zu teilen. Häufig wird Ihre vermeintlich beste Freundin dann Ihre Nachfolgerin. Denken Sie jetzt: Das würde meine Freundin niemals tun? Ich kann nur sagen: Das habe viele meiner Mandantinnen auch gedacht – und sich geirrt. Meiner Meinung nach gibt es einen Intimbereich zwischen Mann und Frau, der geht keinen etwas an, weder die beste Freundin noch sonst irgendwelche Leute. Halten Sie Ihre Intimbeziehung intim!

7. KAPITEL

Bleiben oder gehen? Wann es sich zu kämpfen lohnt und warum eine Trennung viel besser ist als ihr Ruf

Früher fand Christina es niedlich, wenn Moritz so eifersüchtig reagierte. Zum Beispiel demonstrativ den Arm um ihre Schultern legte, wenn sie zufällig ihren Ex-Freund im Restaurant trafen, mit dem er selbstverständlich nie auch nur ein einziges freundliches Wort wechselte. Oder als er so wütend auf den türkischen Animateur reagierte, der Moritz gesagt hatte, dass er die schönste Freundin von allen hätte. Früher hatte Christina sich sogar gefreut, wenn Moritz zufällig in der Bar auftauchte, in der Christina sich mit ihren Freundinnen verabredet hatte. Und sie fand es auch irgendwie charmant, dass er im Internet nachlas, was in dem Restaurant, in dem sie mit ihrer Mutter zu Mittag aß, auf der Speisekarte stand. Schließlich zeigte ihr das doch, wie sehr er sie liebte. Damals hatte Christina geglaubt, dass sich seine Kontrollsucht irgendwann legen würde – wenn sie nur etwas länger zusammen wären, wenn er verstand, dass er sich auf sie verlassen konnte. Doch leider wurde es nicht besser.

Als Christina einmal vom Einkaufen nach Hause kam, stand ein Nachbar im Vorgarten ihrer kleinen Reihenhaussiedlung. Der dickliche Mann, der Christina ungefähr bis zur Nasenspitze reichte, baute gerade schnaufend einen Handrasenmäher zusammen. Christina blieb stehen. »Oh, wir überlegen auch, so einen zu kaufen, weil das mit dem großen Elektromäher und dem Kabel immer so umständlich ist.«

Ihr Nachbar nickte. »Wenn es gut funktioniert, sage ich Ihnen Bescheid. Die Dinger sind im Baumarkt gerade im Angebot.«

»Super! Vielen Dank!«, rief Christina noch, als sie sah, wie Moritz im Hauseingang verschwand.

Er erwartete sie mit verschränkten Armen in der Küche. »Na, hast du mit dem Nachbarn geflirtet?«

Christina hob ihre Augenbrauen. »Mit Herrn Meyer? Wohl kaum!« Sie begann, ihre Einkäufe auszupacken.

Doch Moritz ließ nicht locker. »Ich hab's doch gesehen!«, beharrte er.

Christina legte ihre Stirn in Falten. »Ich habe ihn nach dem Rasenmäher gefragt. Er hat so einen, wie wir ihn uns auch kaufen wollen.«

»Klar«, ätzte Moritz und schob sich an Christina vorbei. »Dann kannst du den Mäher ja im Internet bestellen. Damit dein netter Postbote wieder hier klingelt.«

Christina holte tief Luft und rief Moritz hinterher: »Selbst wenn ich nach anderen Männern schauen würde, dann ganz bestimmt nicht nach Herrn Meyer oder unserem Postboten!«

Aber Moritz antwortete nicht mehr. Sie kannte das schon. Er schmollte wieder. Das machte er immer, wenn er sich über Christina ärgerte. Als sie es gewagt hatte, zur Weihnachtsfeier zu gehen, hatte er im Anschluss fast eine ganze Woche nicht mit ihr geredet. Fehlverhalten jeder Art wurde sofort mit Liebesentzug bestraft. Daher versuchte Christina alles richtig zu machen. Sie hasste Streit. Zumal Moritz und sie sich in den guten Momenten wirklich toll verstanden. Es war, als ob er zwei Gesichter hätte.

Weil Moritz leider am nächsten Tag noch immer nicht mit ihr sprach, war Christina froh, als er endlich das Haus verließ, um zur Arbeit zu gehen. Sie selbst hatte an diesem Tag später Dienst im Krankenhaus und eine Freundin zum Frühstück eingeladen. Christina brachte gerade die selbstgekochten Marmeladen ins Esszimmer, als sie sah, dass ihre Freundin die heiße Teetasse auf den Tisch gestellt hatte. »Das gibt doch Flecken!«, kreischte sie – und hörte selbst, wie übertrieben schrill ihre Stimme klang.

Ihre Freundin sah sie überrascht an. »Entschuldigung, das wusste ich nicht.«

Christina stellte die Tasse schnell auf einen Untersetzer. »Moritz mag das nicht«, rechtfertigte sie sich leise. Im nächsten Moment klingelte ihr Telefon. Es war Moritz. »Sag deiner Freundin, dass sie die Tasse nicht ohne Untersetzer auf den Tisch stellen soll!« Es klang wie ein Befehl.

»Das habe ich ihr schon gesagt«, entgegnete Christina gerade, als Moritz sie schroff unterbrach: »Und mach die Terrassentür zu, das ist sonst Energieverschwendung.« Danach legte er auf. Christina wieselte zur Tür und rief sofort den Hund ins Haus.

Ihre Freundin sah sich irritiert um. »War das Moritz? Hat er was zu dem Untersetzer gesagt?«

Christina deutete mit dem Kopf auf eine etwa 15 Zentimeter hohe Kamera, die neben dem Fernseher stand. »Wir haben neuerdings eine Kamera installiert.«

»Damit er dich besser überwachen kann?«

»Nein, damit wir mitbekommen, wenn hier jemand einbricht.«

Die Freundin sah Christina provokativ an. »Also, damit er dich besser überwachen kann«, wiederholte sie noch einmal. Christina sagte nichts. Sie fand es ja selbst unerträglich.

Eine meiner ersten Mandantinnen schrieb mir nach einem mehrere Jahre dauernden Rosenkrieg mit ihrer ehemals großen Liebe unmittelbar vor dem letzten und entscheidenden Prozesstag: »Liebe Frau Daun, letztendlich ist es egal, welche Zahl bei dem Prozess herauskommt. Verloren haben wir beide – sowohl mein Ex-Mann, als auch ich. Aber das Wichtigste ist: Ich bin aufgestanden. Lebe jetzt mein Leben. Ich bin wieder selbstbestimmt. Wenn ich vier Tafeln Schokolade essen möchte, dann esse ich die. Ab sofort lasse ich mir nie wieder reinreden!«

Dieser Brief hat mich nachhaltig beeindruckt. Weil er so wahr ist. Das war besagte Frau im blauweiß gemusterten Kleid und mit Eisbecher, die ich zu Beginn des Buches erwähnte. Etwa zwei Jahre nach ihrer Scheidung schien sie wirklich glücklich zu sein.

Natürlich weiß ich, dass eine Trennung schmerzhaft ist, viel kostet und Wunden hinterlässt. Das möchte ich gar nicht schönreden – ich vergleiche eine Trennung ja gern mit einem Zahnarztbesuch. Da will auch keiner hin. Aber wenn man es geschafft und hinter sich gebracht hat, ist man erleichtert und froh, dass man dort war. Genau so erlebe ich das bei den meisten meiner Mandanten bei ihren Scheidung. Sie kommen wie Vögel mit gebrochenen Flügeln zu mir in die Kanzlei. Und wenn sie sich verabschieden, können sie wieder fliegen. Anders als vorher. Aber sie fliegen. Deshalb: Wenn Sie wirklich unglücklich in Ihrer Beziehung sind, dann gehen Sie! Wenn Sie aber noch eine Chance sehen, dann kämpfen Sie!

Wann lohnt es sich, für die Beziehung zu kämpfen?

Dina war seit zwei Jahren von ihrer Jugendliebe geschieden, ihre Tochter war zum Studieren in eine andere Stadt gezogen, sie hatte eine sichere Stelle bei Schulamt – ihr

Leben verlief ruhig und unspektakulär. Zu ruhig und zu unspektakulär. Deshalb beschloss Dina an einem einsamen Abend, sich bei einer Partnerseite für Leute ab 50 anzumelden. Allerdings machte sie sich nicht allzu große Hoffnungen, zumal sie sich selbst nicht als besonders attraktiv empfand. Erwartungsgemäß war die Resonanz auf ihre Annonce auch nicht groß. Genau genommen meldete sich nur ein Interessent: Maik, ein intelligenter, drahtiger Mann mit gepflegtem Vollbart. Bei ihrer ersten Verabredung erzählte er ihr lebhaft von seiner Arbeit als Tierforscher. Maik erforschte das Leben von Insekten in Baumkronen, vorzugsweise in den Baumkronen von Stieleichen. Dafür reiste er regelmäßig quer durch Europa. Von den britischen Inseln, nach Südschweden und in den Norden von Spanien. Dina lachte an diesem Abend so viel wie seit Jahren nicht mehr. Und entgegen aller Regeln landete sie gleich nach dem ersten Treffen mit ihrer neuen Bekanntschaft im Bett. Wohlgemerkt in ihrem Bett. Denn er lebte zusammen mit seiner Schwester, deren zwei Söhnen und seinen demenzkranken Eltern auf einem Anwesen im Münchner Umland. Und dorthin konnte er Dina erst einmal nicht mitnehmen. »Das würde meine Eltern überfordern«, meinte Maik. Und diese Meinung vertrat er auch noch zwei Jahre später – entsprechend hatte er Dina auch nach zwei Jahren Beziehung nie zu sich nach Hause eingeladen. Auch in die Uni nahm Maik sie nie mit. Lediglich in seinem kleinen Einzimmerappartement in Uni-Nähe hatten sie einige Male zusammen übernachtet.

Dinas komplettes Umfeld fand die ganze Geschichte ausgesprochen merkwürdig. Vor allem Dinas Tochter warnte ihre Mutter immer wieder: »Lass dich doch nicht von so einem Baumwipfel-Forscher auf den Arm nehmen! Wegen seiner Eltern! Was für ein Unsinn!«

Auch Dina selbst erschien diese Geschichte zunehmend unglaubwürdig. Doch jedes Mal, wenn sie Maik darauf ansprach, beruhigte er sie: »Wenn wir erst einmal drei Jahre zusammen sind, stelle ich dir alle vor. Ich möchte nur verhindern, dass sie jemanden kennenlernen, der dann womöglich wieder aus ihrem Leben verschwindet.«

So richtig leuchtete Dina zwar nicht ein, warum dazu drei Jahre Beziehung nötig waren, trotzdem versuchte sie, ihr schlechtes Bauchgefühl und ihr penetrant zwickendes Misstrauen zu ignorieren. Besonders schlimm war es, wenn er im Sommer in den Ferien für drei Wochen in Italien verschwand. »Eine Forschungsreise«, behauptete er.

Urlaub mit seiner Frau und den beiden Söhnen, befürchtete Dina. Allerdings nur insgeheim. Nach außen hin gab sie sich stets zuversichtlich. »Das wäre doch auch für seine Neffen verwirrend, wenn ich da auftauchen würde. Schließlich ist er für sie wie ein Vater«, erklärte sie zum Beispiel ihrer Tochter, wenn die nachfragte, ob es Neuigkeiten vom Baumwipfel-Forscher gab. Die echote dann nur: »Ach, wie ein Vater?«

Dina hatte selbst Angst, dass es sich bei der vermeintlichen Schwester in Wahrheit um seine Frau *und bei seinen Neffen um seine Söhne handeln könnte. Deshalb beruhigte es sie, wenn er beispielsweise seinen Geburtstag bei ihr verbrachte, und geriet in Panik, wenn er Weihnachten mit seiner Familie feiern wollte.*

Je misstrauischer sie wurde, desto lauernder wurden ihre Unterhaltungen mit Maik. Dina versuchte, Unstimmigkeiten in seinen Erzählungen aufzudecken. Sie begann, im Badezimmerschrank seines Appartements nach Hinweisen auf eine andere Frau zu stöbern. Sie fuhr an den Wochenenden immer wieder durch den Ort, in dem er mit seiner Familie lebte. Die ständige Unsicherheit machte sie wahnsinnig.

Dina zog sich zurück. Sie hatte Angst, Zeit und Gefühle in einen Mann zu investieren, der es nicht wert war. Dann meldete sie sich wieder bei ihm, hatte Angst, ihn zu verlieren. Ein ständiges Hin und Her. Angefeuert von ihrem kompletten Umfeld. Nur der Mann ihrer besten Freundin konnte sich – als einziger! – vorstellen, dass Maiks Geschichte stimmte. Deshalb entschied Dina schließlich, einen Privatdetektiv zu beauftragen. Er brauchte nicht lange, um die Wahrheit herauszufinden: Maik hatte nicht gelogen. Es war im Ort bekannt, dass er sich vorbildlich um seine kranken Eltern und seine alleinerziehende Schwester kümmerte.

Dina wusste nicht, welches Gefühl bei ihr nun überwog: Erleichterung, weil Maik sie nicht angelogen hatte, oder Scham, weil sie ihm nicht geglaubt hatte? Was sie hingegen genau wusste: Sie wollte um diesen Mann kämpfen und darum, dass er ihr vertraute und sich endlich auf sie einließ. Weil sie überzeugt war, dass er es wert war.

Nur für den Fall, dass Sie mir unterstellen, ich sei berufsbedingt eher am Scheitern als am Retten einer Ehe interessiert: Das stimmt nicht! Ich bin absolut dafür, dass man mit allen Mitteln und Wegen versuchen sollte, seine Beziehung zu retten, ehe man sich trennt. Immerhin hat man sich einmal in diese eine Person so sehr verliebt, dass man überzeugt davon war, den Rest seines Lebens miteinander verbringen zu wollen. Deshalb sollten Sie sich den folgenden Schritt – bleiben und kämpfen oder gehen und leider auch wieder kämpfen – sehr genau überlegen.

Viele meiner Mandanten fragen mich nach dem ersten Gespräch in meiner Kanzlei, wie ich ihre Situation einschätze, nachdem sie mir ihre Eheprobleme geschildert haben. Sie wollen wissen, ob ihre Beziehung noch eine Chance hat. Aber solche Fragen kann ich nicht beantworten. Schließlich spiele ich in meinem Beruf nicht den lieben Gott. Es bleibt immer die Entscheidung des Mandanten, ob er seine Ehe für gescheitert hält oder nicht. Nur eines kann ich mit Sicherheit versprechen: Probleme wird es immer wieder geben – ganz egal, wen Sie sich als Partner aussuchen. Deshalb empfehle ich Ihnen einen realistischen Blick auf Ihre Beziehung. Dazu sollten sie sich zuallererst vom Zwang zur permanenten Selbstoptimierung befreien. Neuerdings wird einem ja in allen möglichen Selbstfindungskursen, Frauenzeitschriften und Fernsehsendungen vorgegaukelt, dass man nur hart genug an sich arbeiten müsse, dann sei man für alle Zeiten glücklich, schön und zufrieden. So wird selbst jedes Foto, das auf Facebook oder Instagram veröffentlicht wird, stundenlang bearbeitet, damit es möglichst perfekt die eigene Makellosigkeit widerspiegelt. In dieser scheinbar so perfekten Umwelt verschieben sich natürlich auch die Vorstellungen von einer Ehe beziehungsweise Beziehung. Auch die muss selbstverständlich perfekt sein. Deshalb regnet es jeden Abend rote Rosen, ehe man im blubbernden Champagner-Bad untertaucht.

Schauen Sie sich doch einmal die Pärchenbilder von Cathy Hummels und Co. an! Das pure Glück! Nebenbei ist das ideale Paar natürlich beruflich erfolgreich. Probleme gibt es nie und auch die Kinder sind überdurchschnittlich intelligent und wohlgeraten.

Ganz ehrlich: Das ist völliger Unsinn! Lassen Sie sich davon bloß nicht täuschen! Die anfängliche Verliebtheit und das Serotoninspiegel-Hoch lassen bei jedem Paar irgendwann nach. Bei jedem Paar kehrt der sogenannte Alltag ein – und das ziemlich zuverlässig nach etwa einem Jahr Beziehung. Spätestens dann bröckelt die Schokoladenseite und es kommt zu Situationen, in denen jeder Partner sein wahres Ich durchscheinen lässt. Nun hilft es bekanntermaßen nicht, den Kopf in den Sand zu stecken und zu jammern. Insbesondere hilft es nicht, sich mit gleichgesinnten Freundinnen zusammenzuschließen und sich gegenseitig aufzustacheln, wie blöd doch der eigene Partner ist, wie viel Unverständnis er hat, wie wenig er sich um die Kinder kümmert und so weiter. Vielmehr rate ich meinen Mandanten, den Stier bei den Hörnern zu packen.

Das meint: Gehen Sie die Probleme proaktiv an – wie es neudeutsch so schön heißt.

Machen Sie sich zum Beispiel eine Liste. Nicht dieses klassische Adenauer-Kreuz: »Was find ich gut, was find ich schlecht«. Das hilft Ihnen nicht weiter. Schreiben Sie stattdessen in eine Spalte die Punkte, von denen Sie sich wünschen, dass sie sich ändern, und in der anderen Spalte überlegen Sie sich: *Was kann ich selbst tun, um diese Punkte zu ändern?*

Erwarten Sie nicht, dass Ihr Partner Sie glücklich macht. Überlegen Sie, was Sie selbst zu einer glücklichen und zufriedenstellenden Beziehung beitragen können.

Sollte allerdings Ihre Wut und Enttäuschung über den Partner bereits so groß sein, dass Sie nicht mehr in der Lage sind, einen klaren Gedanken zu fassen, so hüten Sie sich davor, irgendwelche Selbsthilfegruppen in Anspruch zu nehmen. Auch stundenlange Telefonate mit der besten Freundin sind nicht wirklich hilfreich, um das Problem zu lösen. Stattdessen empfehle ich Ihnen: Suchen Sie sich Hilfe von jemandem, der in einem solchen Fall wirklich helfen kann.

Ich bin ja ein großer Fan von Professionalität. Deshalb würde ich bei einem solchen Problem immer einen kompetenten Psychotherapeuten in Anspruch nehmen. Für diesen Weg haben sich übrigens auch viele meiner Mandanten entschieden. Und sie alle bestätigen: Ein guter Therapeut hat ihnen dabei geholfen, erst einmal über die eigenen Gefühle Klarheit zu gewinnen.

Gegebenenfalls beginnen sogar Mann und Frau zusammen eine Paartherapie, in der sie dann alle Probleme mit dem Partner – professionell angeleitet – besprechen und vielleicht sogar klären können. Wenn ein Paar dafür offen ist, kann eine solche Therapie wirklich wieder frischen Wind in eine laue Beziehung bringen.

Ich habe beobachtet, dass sich dann häufig nicht nur die Beziehung verändert. Interessanterweise machen auch der Mann und die Frau eine erstaunliche Wandlung durch. Da lassen sich Männer plötzlich dauerhaft ihre sonst soldatenhaft kurzen Haare auf Kinnlänge wachsen und Frauen entsorgen ihre verbeulten Uralt-Jeans in der Altkleidersammlung, um wieder hübsche Kleidchen zu tragen. Ich finde es jedes Mal faszinierend, wenn eine Paartherapie einen solchen Erfolg zeigt.

Allerdings kenne ich auch Fälle, bei denen die sogenannte Paartherapie zur Trennungstherapie wurde ... Aber auch das finde ich positiv. Denn so bekommen die Ehepartner eine wertvolle Unterstützung, den Konflikt, nämlich den gemeinsamen Entschluss, dass ihre Ehe gescheitert ist, zu be- und verarbeiten. Gerade wenn man gemeinsame Kinder hat, bietet eine begleitende Therapie die Chance, dass man sich einigermaßen friedvoll voneinander löst – und künftig nicht fluchtartig die Straßenseite wechselt, wenn man seinem Ex-Partner zufällig begegnet und anschließend bei seinen Kindern auf diesen widerlichen Idioten schimpft, der ja immerhin ihr Vater ist. Ein zumindest einigermaßen kultiviertes Miteinander erleichtert das gesamte Scheidungsverfahren. Weil es darum geht, sich zu lösen, und nicht darum, den anderen zu bestrafen, indem man ihn vernichtet.

Tatsächlich erlebe ich es selten, dass ein Paar sich noch einmal zusammenrauft, nachdem ein Scheidungsanwalt beauftragt und eine Scheidung beantragt wurde. Meistens ziehen die Paare ihre Scheidung dann auch durch. Von 100 Mandanten gibt es höchstens eine Handvoll, die sich während des Scheidungsverfahrens wieder versöhnen und von denen ich danach nie wieder höre. Die meisten, die ihre Scheidung absagen, weil sie es noch einmal versuchen wollen, tauchen spätestens nach ein paar Jahren erneut bei mir auf und sagen: »Frau Daun, diesmal lasse ich mich aber wirklich scheiden …«

Was allerdings häufiger vorkommt, sind Mandanten, die nicht aus wiedererweckter Liebe ihren Scheidungsantrag zurückziehen, sondern nachdem sie sich einer umfangreichen Beratung und Darlegung der juristischen und wirtschaftlichen Konsequenzen unterzogen haben. Weil sie zu bequem und – Entschuldigung, wenn ich es so deutlich formuliere – zu geldgierig sind. Anstatt auf Geld zu verzichten, bleiben sie lieber in einer unglücklichen Ehe.

Ganz tragisch sind jene Fälle, bei denen eine Scheidung wirklich die Existenz oder das Unternehmen mit vielen Mitarbeitern bedrohen würde. Da kann ich die Entscheidung, in der Ehe zu bleiben, dann sogar nachvollziehen. Das ist allerdings eher die Ausnahme als die Regel.

Was ich selbst noch nie erlebt habe, sind Leute, die sich erst scheiden lassen und dann noch einmal heiraten – wie zum Beispiel Liz Taylor und Richard Burton. Das ist wirklich sehr ungewöhnlich. Eine Trennung ist ein Schritt, den man sich wirklich gut überlegen, dann aber auch konsequent durchziehen sollte.

Wann ist ein Rettungsversuch verschenkte Lebenszeit?

Die Stimmung war angespannt. Alexandra saß am Steuer und fuhr bereits zum dritten Mal um den Block – und noch immer war kein Parkplatz zu finden. René neben ihr starrte permanent auf sein Handydisplay, als könnte er damit die Zeitanzeige anhalten. Zwischendurch stöhnte er. Und sein Gesicht war mindestens so angespannt wie damals, als bei Alexandra die Wehen einsetzten und sie trotzdem selbst zum Krankenhaus fahren musste, weil René dafür viel zu aufgeregt war. Belustigt sah sie ihren Mann an. Als sie dann zum vierten Mal das Stadion passierten, hielt sie in der zweiten Reihe. »Am besten steigt ihr schon mal aus und holt die Karten!«, schlug Alexandra vor. Schließlich wusste sie, wie wichtig es ihrem Mann und seinem besten Freund war, dieses Spiel im Stadion zu sehen. Zumal es darüber entschied, ob ihr Lieblingsverein womöglich in die zweite Liga abstieg.

»Wäre das für dich wirklich okay?«, vergewisserte sich René, während er die Hand schon am Türgriff hatte.

Alexandra lachte. »Natürlich! Lauft los!« René strahlte. Dann nickte er seinem Freund Dirk zu und beide sprangen aus dem Auto. In diesem Moment fiel Alexandra ein, dass sie ja ihr Handy zu Hause vergessen hatte. »He!«, rief sie den davoneilenden Männern hinterher. »Ich habe mein Handy nicht dabei! Wie finden wir uns denn gleich wieder?«

Dirk, der noch näher an Alexandras Auto war, drehte sich um und brachte ihr schnell sein Telefon. »Ruf einfach bei René an. Mein Code ist 1811.« Dann drehte er sich um und folgte eilig seinem besten Freund, der schon ungeduldig von einem Fuß auf den anderen trat.

Alexandra musste schmunzeln. Wie die Kinder!, dachte sie. Früher war sie häufiger mit René im Fußballstadion gewesen. In letzter Zeit aber gar nicht mehr. Irgendwie hatte es immer nicht gepasst. Entweder war ein Kind krank oder Oma und Opa hatten keine Zeit zum Aufpassen ... Deshalb freute sie sich fast ein bisschen auf das Spektakel. Allerdings mehr auf das Bier aus dem Plastikbecher, Bratwurst und die ganze Atmosphäre als auf das Spiel an sich.

Als sie ein paar Straßen später endlich einen Parkplatz gefunden hatte, wollte sie René anrufen. Sie kannte seine Nummer nicht auswendig. Eigentlich absurd, wenn man bedachte, dass die beiden schon fast zehn Jahre zusammen waren. Aber seit man nur noch in den Kontakten auf den jeweiligen Namen tippte, kannte man die dazugehörigen Nummern nicht mehr.

Alexandra überlegte gerade, wen sie überhaupt noch anrufen könnte, wessen Nummer sie auswendig kannte, wenn sie ihr Handy tatsächlich einmal verlieren sollte, da stockte sie. Sie hatte gerade unter dem Kontakt Renate den Namen ihres Mannes gefunden. Was sie aber wie ein Stromschlag traf, war das, was direkt darunter stand: Renés Bianca, Renés Isabell, Renés Marita, Renés Nadesha, Renés Nadine, Renés Natascha, Renés Pamela ... Insgesamt zwölf Frauennamen, die sie noch nie von René gehört hatte.

Alexandra blieb stehen. Ihr Herz raste. Sie überlegte, was sie tun sollte. Am liebsten hätte sie diese merkwürdige Liste auf der Stelle abtelefoniert. Aber wie würde sie dastehen, wenn sich diese Namen als völlig harmlos erweisen würden? Wie eine hysterische durchgeknallte Ehefrau. Alexandras Gedanken rasten. René hatte sie schon einmal betrogen. Gleich zu Beginn ihrer Beziehung. Kurz vor der Hochzeit. Damals hatte er behauptet, die Nerven verloren zu haben. Er hatte geschworen, dass es nie wieder vorkommen würde. Und tatsächlich hatte sie auch nie wieder das Gefühl gehabt, dass er sie hintergehen würde. Es hatte nie irgendwelche Anzeichen gegeben. Aber: Was war das dann für eine Liste? Was könnte es denn für eine Liste sein, wenn man vom Besten ausging?

Alexandra fand keine Erklärung. Als das Telefon in ihrer Hand plötzlich vibrierte, ließ sie es vor Schreck fast fallen. Es war René. »Na, Engel, hast du einen Parkplatz gefunden?« Alexandra bemühte sich um einen fröhlichen Tonfall. »Ja, jetzt gerade! Ich laufe los. Wo finde ich euch denn?«

Kurzentschlossen schickte sie sich sämtliche Kontakte und löschte anschließend die Nachrichten.

Teilnahmslos verfolgte sie daraufhin das Fußballspiel und gab vor, Kopfschmerzen zu haben. Am nächsten Tag meldete sich Alexandra bei der Arbeit krank und telefonierte, nachdem sie die Kinder in die Schule gebracht hatte, alle zwölf Frauen ab. Es waren tatsächlich Frauen, mit denen René sich traf, wenn er in der jeweiligen Stadt war. Frauen, die sein bester Freund Dirk für ihn kontaktierte, damit Renés Doppelleben nicht aufflog. Was für ein perfides Spiel! Zumal René als Coach für Betriebsräte ständig in Deutschland unterwegs war …

Ich glaube, die Frage, wann eine Beziehung nicht mehr zu retten ist, muss jeder für sich selbst beantworten. Entweder, weil man zu verletzt und zu enttäuscht ist, um die Beziehung fortzusetzen. Oder weil man eine Paartherapie gemacht, gemeinsame Wochenenden verbracht und einen Tag in der Woche als Kommunikationstag eingerichtet hat, Urlaubsreisen zu zweit unternommen und sich ein gemeinsames Hobby (Skifahren, Wandern, Golfspielen etc.) gesucht hat – und all dies nicht dazu geführt hat, dass man wieder diese Nähe und Verbundenheit spürte, die eine gute Beziehung ausmachen. Wie auch immer man zu seiner Entscheidung kommt: Ich bin überzeugt, dass jeder Partner ganz deutlich wahrnimmt, wenn eine Beziehung zu Ende ist.

Wer sich dann nicht löst, fühlt sich irgendwann seelisch ganz unten. Viele Menschen greifen zum Alkohol – am Schöntrinken ist definitiv was dran, und zwar nicht nur bei ersten Verabredungen, sondern noch viel mehr in langjährigen Beziehungen. Manche bekommen aber auch Depressionen oder Magenprobleme, sodass sie sich eines Tages nur noch übergebend auf der Toilette befinden, bis die innere Stimme geradezu brüllt: »Es ist vorbei!«

Und erstaunlicherweise beschreiben viele meiner Mandanten den Moment dieser Erkenntnis als einen Moment der inneren Abgeklärtheit und Ruhe. Weil sie ganz genau spürten, dass die Beziehung nicht mehr zu retten ist. Weil sie ihren Partner nicht mehr liebten oder weil sie selbst vom Partner nicht mehr geliebt wurden.

Ich erinnere mich an eine Frau, die ich einmal auf einer Urlaubsreise kennengelernt habe. Sie hat fast den ganzen Tag Sport getrieben und kaum etwas gegessen. Als wir ins Gespräch kamen, erzählte sie halb scherzhaft, dass sie überzeugt davon wäre, dass ihr Mann garantiert nicht merken würde, dass sie im Urlaub acht Kilo abgenommen habe. Was muss das für eine unglückliche Beziehung sein, wenn der Ehemann nach der Ankunft seiner Frau aus einem dreiwöchigen Urlaub nicht einmal bemerkt, dass sie deutlich abgenommen hat. Und das Schlimme: Solche Fälle sind gar nicht selten. Meine Kosmetikerin hat mich einmal – nachdem sie mir die Fingernägel lackiert hatte und ich mich freute: »Die Farbe findet mein Mann bestimmt klasse!« – mit tellergroßen Augen angesehen und erstaunt gefragt: »Fällt Ihrem Mann denn überhaupt auf, wenn Sie eine andere Nagellackfarbe haben? Das höre ich ja ausgesprochen selten!«

Wenn es in Ihrer Beziehung einmal so weit gekommen ist, dass Ihrem Ehepartner nicht einmal mehr auffällt, wenn Sie die Fingernägel lackiert haben, geschweige denn, wenn Sie Ihr Körpergewicht massiv reduziert haben, dann brauchen Sie sich keine weiteren Gedanken darüber zu machen, ob er sie wohl liebt oder nicht. Wenn für einen Mann eine Beziehung zu Ende ist, ist auch das Interesse an seiner Frau zu Ende. Und dann sieht er eben keinen Nagellack, keine neue Frisur und auch kein Diätwunder!

Und falls Sie sich gerade fragen, ob eine gestorbene Liebe wohl noch einmal geweckt werden kann, dazu habe ich eine klare Haltung: definitiv nein! Das höre ich immer sehr deutlich von meinen Mandanten. Wenn ihre Gefühle einmal erloschen sind, kann die Ex-Frau »gern tot überm Gartenzaun hängen« - wie manche es drastisch formulieren. Da verhält es sich mit der Liebe wie mit dem Leben. Ist es vorbei, dann war es das. Nun kann man zwar noch an ein Leben nach dem Tod glauben, in der realen Welt findet aber definitiv nichts mehr statt. Und wenn Sie das für sich erkennen, sollten Sie sich allmählich auf die Trennung vorbereiten.

Variante 1: Sie sind verheiratet

Grundsätzlich rate ich dazu: Bleiben Sie ruhig! Bleiben Sie sachlich! Und handeln Sie strategisch und klug strukturiert! Die schlimmsten Scheidungen und damit auch die wirtschaftlich unrentabelsten sind die, bei denen die vorherrschenden Gefühle Hass und Wut sind. Wenn beispielsweise gestritten wurde, man sich angebrüllt und gegenseitig tief verletzt hat. Und in dieser Stimmung vereinbart man dann schnellstmöglich den ersten Termin bei dem nächstbesten Scheidungsanwalt. Emotional durchgeknallt und aufgewühlt. Und dann sitzt man in der Kanzlei, voller Zorn, und fragt sich vor allem, wie man dem anderen am meisten schaden kann. Ohne für sich selbst einen Plan gefasst zu haben, wie das Leben denn nun weiterlaufen soll. Ganz egal. Darüber soll sich jetzt gefälligst der Anwalt Gedanken machen! Der soll sich ab sofort sowieso um alles kümmern und gefälligst die entsprechenden Briefe verfassen, nach deren Lektüre der verhasste Ex-Partner endlich begreift, was für ein fürchterlich schlechter Mensch er ist.

Das ist eine grundsätzlich falsche Herangehensweise.

Wenn Sie befürchten, dass Ihre Ehe kurz vor dem Aus steht, vereinbaren Sie bitte ganz in Ruhe einen Beratungstermin bei einem Scheidungsanwalt. Dort lassen Sie sich erst einmal ausführlich darüber aufklären, wie viel Ehegattenunterhalt Ihnen zum Beispiel zusteht, wie es sich mit dem eventuell vorhandenen Haus verhält, wie mit dem restlichen Vermögen, dem Rentenausgleich und so weiter.

Diese Punkte sollte man geklärt haben. Und zwar bevor man das Wort »Trennung« dem Partner gegenüber auch nur zum ersten Mal erwähnt. Auch über den Zeitpunkt der Trennung sollte man sehr genau nachdenken und ebenso darüber, wie man die Trennung vollzieht: Bleibt man zum Beispiel selbst im Haus wohnen oder zieht man aus? Schon diese Entscheidung hat nämlich verheerende Auswirkungen auf die Höhe des Ehegattenunterhalts. Was viele nicht bedenken: Wenn der Ehemann zum Beispiel auszieht und die Ehefrau mit den Kindern im Familienheim wohnen bleibt, so kann dies eventuell die rechtliche Konsequenz haben, dass er keinen Ehegattenunterhalt zahlen muss. Gerade das Unterhaltsrecht ist häufig das umkämpfteste Thema bei einer Scheidung und ein juristischer Dschungel.

Ein weiterer, vielen nicht bekannter Fallstrick: Zwar wurde die Klärung der Schuldfrage bei Scheidungen bereits vor vielen Jahrzehnten abgeschafft, trotzdem könnte die Frau ihren Unterhaltsanspruch verlieren, wenn sie bereits während einer intakten Ehe eine länger andauernde Affäre mit einem anderen Mann gehabt hat und die Ehe dadurch gescheitert ist. Die Aufnahme intimer Beziehungen zu wechselnden Partnern bzw. der Versuch der Kontaktaufnahme über Internetseiten kann ebenso dazu führen.

Auch ganz grundlegende Fragen sollte man in einem Beratungsgespräch rechtzeitig klären: Sollte man sich vielleicht erst um eine Berufstätigkeit kümmern, wenn man gerade nicht berufstätig ist? Und was steht einem vom Partner zu, wenn man teilzeitberufstätig ist? Muss man dann irgendwann in Vollzeit arbeiten? Und wenn ja: wann? Im Idealfall entwickeln Sie mit Ihrem Scheidungsanwalt einen genauen Schlachtplan. Wobei Sie Ihrem Partner gegenüber natürlich keinesfalls erwähnen sollten, dass Sie sich bereits anwaltlich beraten lassen!

Folgende Unterlagen empfiehlt es sich dabei zu haben, wenn Sie zum ersten Mal einen Anwalt aufsuchen: Gehaltsabrechnungen des Ehemannes, Steuerbescheide, Bilanzen, Gewinn- und Verlustrechnungen.

Bedenken Sie: Es sind schon zahlreiche Männer in überraschenden Nacht- und Nebelaktion ausgezogen und haben dabei sämtliche persönlichen Unterlagen mitgenommen. Erstens ist es sehr mühsam, die entsprechenden Auskünfte dann wieder einzuholen. Zweitens wissen die Frauen in solchen Fällen zunächst sehr lange nicht, wie es finanziell für sie weitergeht. Eine solche Situation ist extrem aufreibend – das können Sie mir glauben. Die finanzielle Ungewissheit wird für viele Betroffene ganz schnell zu einem wesentlich größeren Problem als der Schmerz über die Trennung vom ehemals geliebten Partner.

Variante 2: Sie sind nicht verheiratet

... und haben dennoch Kinder. Dann sollten Sie sich informieren, in welcher Höhe der nichteheliche Kindesvater Kindesunterhalt zahlen muss, ob er gegebenenfalls für Sie, die nichteheliche Kindesmutter, ebenfalls Unterhalt zahlen muss und wie es sich mit dem Sorgerecht verhält. Ansonsten wäre zu klären, wie man am besten mit gemeinsam angeschafftem Eigentum verfährt, wie man aus dem Mietvertrag kommt oder – im Falle einer gemeinsam erworbenen und bewohnten Immobilie – aus den Darlehensverträgen. Eine kompetente anwaltliche Beratung kann da in jedem Fall vor unangenehmen Überraschungen bewahren.

Eine Trennung ist immer eine neue Chance

Frank war schon da, als Susanne von der Arbeit nach Hause kam. »Oh, du bist schon da!«, rief sie überrascht und lief zu ihrem Mann in die Küche. »Wie war dein Tag?«, fragte sie freundlich, während sie Wasser in den Wasserkocher laufen ließ.

»Interessiert dich doch eh nicht!«, brummte Frank und stapfte mit einem Teller belegter Brote ins Wohnzimmer. Susanne schnitt sich eine Avocado mit ein paar Tomaten und Zwiebeln auf. Dann folgte sie ihm. Beim

Blick auf den Fernseher verzog sie das Gesicht. Es war irgendeine blutige Prügelszene zu sehen. Nichts für Susanne, die diesbezüglich empfindlich war und gewöhnlich nur Filme bis maximal FSK 12 ertrug.

»Dass du immer so brutales Zeug gucken musst!«, wunderte sie sich.

»Dass du immer meckern musst!«, blaffte Frank zurück.

Susanne verzog den Mund und ging zurück in die Küche, wo sie sich in die kleine Essecke setzte und den Kopf in ihre Hand sinken ließ. Sie hatte es so satt, dass Frank sie so respektlos behandelte! Auf der Arbeit riss er sich doch auch zusammen. Warum nicht auch bei ihr? Frustriert begann sie, im Internet nach Wohnungen zu schauen. Um zum hundertsten Mal festzustellen, dass sie sich mit ihrem Halbtagsjob ohnehin keine Vierzimmerwohnung leisten konnte. Zumindest keine in einer Gegend, in der sie ihre beiden Teenager-Töchter nach Anbruch der Dunkelheit noch vor die Tür lassen würde. Es war frustrierend. Missmutig piekte sie die Avocado auf die Gabel.

Als ihre Töchter wenig später nach Hause kamen, saß Frank immer noch vor dem Fernseher. Aber den Mädchen war das egal. Seit sie in der Pubertät waren, schlugen sie häufig einen ähnlichen Ton an wie ihr Vater. Kichern hörte man sie erst wieder, wenn sie in ihren Zimmern verschwunden waren und mit ihren Freundinnen telefonierten. Nachdem Susanne aufgeräumt und die Wäsche gemacht hatte, ging sie noch einmal zu Frank ins Wohnzimmer, um ihm eine gute Nacht zu wünschen. Frank hielt ihr bloß seine linke Wange hin und starrte dabei weiter auf den Bildschirm.

Im Bett schaute Susanne auf den üblichen Jobportalen, ob sie womöglich eine Anregung fand, was sie machen könnte. Gleichzeitig wusste sie, dass sie sich ohnehin nicht trauen würde, ihre sichere Stelle beim Bodenpersonal einer deutschen Fluglinie aufzugeben, um dann irgendwo noch einmal mit einer Probezeit neu zu starten. Susanne fühlte sich wie gefangen.

Als sie am nächsten Morgen die Pfandflaschen zusammensuchte, um sie mit in den Supermarkt zu nehmen, kam Frank in die Küche. Wortlos lief er zur Kaffeemaschine und holte sich anschließend ein Würstchen aus dem Kühlschrank. »Was gibt's heute zu essen?«, fragte er kauend.

Susanne zuckte mit den Schultern. »Ich lasse mich gleich im Supermarkt inspirieren.«

»Aber nicht wieder so ein komisches Detox-Essen!«, brummte Frank und schlappte aus der Küche.

Susanne fühlte, wie ihr Herz schwer wurde. Es war, als wäre auch ihr Herz in einen kleinen Käfig gesperrt, aus dem es sich nicht befreien konnte. Susanne packte ihre Einkaufsbeutel und überprüfte im Flurspiegel noch einmal ihr Make-up und ihre Frisur. Alles bestens! So gut es eben noch ging mit Anfang 50. Wie vor 20 Jahren sah Susanne natürlich nicht mehr aus. Leider, dachte sie traurig, schlüpfte in ihre eleganten schwarzen Stiefel und in ihren schönen schwarzen Mantel. Ihr Einkauf in dem kleinen Edeka-Markt war ihr wöchentliches Highlight. An der Fleischtheke arbeitete nämlich ein junger Mann, vielleicht Ende 20, der rein optisch genau ihrem Geschmack entsprochen hätte. Früher. Als sie in seinem Alter war. Sobald er sie entdeckte, lachte er Susanne an – als hätte er nur auf sie gewartet. Susanne strahlte zurück.

»Könnten Sie mir auch noch ein bisschen Käseaufschnitt geben?«, fragte sie. Obwohl sie genau wusste, dass er eigentlich nur für die Fleischtheke zuständig war.

»Natürlich!«, entgegnete er und bedachte Susanne mit einem intensiven Blick.

Ihr Herz machte einen Hüpfer. Es war wie befreit. Für diesen kurzen Moment kehrte alle Leichtigkeit schlagartig zurück. Susanne fühlte sich wie eine Königin. Als er ihr schließlich die Tüte mit den Waren reichte, hatte sie das Gefühl, er würde die Übergabe ein wenig hinauszögern. Dabei sah er Susanne mit seinen schönen braunen Augen direkt an. Susanne lächelte, legte die Tüte in ihren Einkaufswagen und schob ihn langsam von dannen. Hinter sich hörte sie, wie er die nächste Kundin begrüßte. Susanne drehte sich nicht um. Sie wusste, dass er mit dieser Frau dasselbe Schauspiel abzog. So wie mit allen Frauen, die in der langen Schlange warteten. Aber das war Susanne egal. Wenigstens dieser eine Moment hatte nur ihr gehört.

Möchten Sie ein Leben lang unglücklich sein? Deprimiert darüber, weil Sie Ihr Leben nicht nach Ihren Vorstellungen leben können? Wie ein Hund mit gesträubtem Fell nach Hause kommen, weil sich allein die Anwesenheit Ihres Partners wie ein schwerer dunkler Schatten anfühlt? Ich finde die Vorstellung schrecklich, dass so viele Menschen in Beziehungen verharren, in denen sie sich absolut nicht wohlfühlen. Da ist eine Trennung definitiv eine großartige Option! Es ist die Chance, neu zu starten, sich das Leben so einzurichten, wie man es selbst schön findet.

Natürlich kann einem niemand garantieren, dass man nach einer Trennung immer glücklich, immer erfolgreich und immer reich sein wird. Aber eine Garantie kann ich Ihnen geben: Sie haben zumindest wieder die Chance auf ein glücklicheres Leben.

Natürlich ist eine Trennung kein Zuckerschlecken. Ich erlebe bei den Trennungen meiner Mandanten immer zwei besonders intensive Phasen: Meist beginnen sie mit der Aggressionsphase, das heißt, meine Mandanten könnten ihrem Partner regelmäßig an die Gurgel springen und hassen ihn wie die Pest. Anschließend kommt die sogenannte Depressionsphase, in der die Frischgetrennten dann erkennen, dass die Beziehung tatsächlich endgültig gescheitert ist und sie wieder allein von Null anfangen müssen. Diese beiden Phasen sind bei einer Trennung völlig normal und ich kann diesbezüglich jedem versichern: Sie gehen wieder vorbei.

Ich finde allerdings: Das Schlimmste ist geschafft, wenn ein unglücklich verheirateter Mensch bei einem Scheidungsanwalt im Besprechungszimmer sitzt. Dann ist zumindest schon mal eine Entscheidung getroffen worden. Nämlich die, dass die Ehe gescheitert ist und nun die rechtliche Abwicklung dieser Lebensgemeinschaft ansteht.

Natürlich haben alle Angst vor dem, was eine Trennung bedeutet. Die meisten Betroffenen sind verunsichert und fühlen sich fast wie ein Kleinkind, das zum ersten Mal allein laufen soll. Meist sage ich zu meinen Mandanten: »Geben Sie mir Ihre Ängste, geben Sie mir Ihre Aggression! Ich werde Sie auf diesem Weg begleiten, so lange, bis Ihr gebrochener Flügel wieder verarztet ist und Sie alleine fliegen können.«

Das dauert manchmal nur ein paar Monate, im Schnitt aber anderthalb bis zwei Jahre und in ganz seltenen Fällen sogar mehrere Jahre. In dieser Zeit versuche ich meine Mandanten nicht nur juristisch bestmöglich zu beraten, ich möchte ihnen auch dabei helfen, mit ihrer alten Beziehung abzuschließen. Denn nur dann sind sie in der Lage, eine neue zu beginnen.

Ich habe einmal gelesen, was der Dalai-Lama in diesem Fall empfiehlt: Man solle sich einen Lieblingsplatz suchen – auf dem Sofa, im Wald, am Meer oder wo auch immer. Dort solle man sich mit seinem Lieblingsgetränk – sei es Rotwein, Tee oder eine spezielle Bio-Limonade – hinsetzen und sich unbegrenzt Zeit nehmen. Dann solle man sich den Menschen (in diesem Fall Ihren früheren Ehepartner) noch einmal vorstellen. Und zwar mit all seinen Vorzügen (!) und all seinen Nachteilen. Anschließend solle man sich mit den Worten verabschieden: »Gehe in Frieden von mir!«

Ob einem das hilft, muss jeder selbst ausprobieren. Aber auf irgendeine Art sollte man sich lösen. Denn wie heißt es so schön: Um neu beginnen zu können, muss man sich von

Altem verabschieden! Und entsprechend freue ich mich jedes Mal, wenn ich miterleben darf, wie meine Mandanten mit jedem neuen Termin optimistischer werden, und stärker. Gerade bei Frauen kann ich dabei zusehen, wie sie aufrechter und selbstbewusster in mein Besprechungszimmer treten.

Und irgendwann kommen sie dann in meine Kanzlei und ich erkenne dieses Strahlen in ihren Augen. Da habe ich einen Blick für. Denn es ist etwas passiert, wofür ich Ihnen ebenfalls ein Versprechen geben kann: Irgendwann wird man sich wieder verlieben.

Ich muss dann jedes Mal fast grinsen. Wenn ich dieses Thema nämlich bei einem der ersten Termine anspreche, schauen meine Mandanten ganz ungläubig und ich kann es quasi in ihren Gedanken lesen: Die Daun mit ihrem blöden Geschwätz! Ich verliebe mich nie wieder!

Und dann sitzen diese Mandanten nach zahlreichen Besprechungsterminen strahlend vor mir und ich frage zielsicher: »Na, wie heißt er oder sie denn?!«

Und ich höre solche Geschichten wie: »Stellen Sie sich mal vor, da war dieser Mann in meinem Fitnesscenter ...« Fast jede meiner Mandantinnen und meiner Mandanten, mit der oder dem ich noch in Kontakt stehe, und sei es, um einen neuen Ehevertrag aufzusetzen, hat wieder einen neuen Partner gefunden. Bleiben Sie also zuversichtlich! Trotz all dieser deprimierenden Statistiken, nach denen man eher Opfer eines Terroranschlags wird, als dass man nach dem 40. Lebensjahr noch einen Partner findet – ich bin überzeugt davon: Kein Mensch muss allein bleiben! Jeder Topf findet seinen Deckel! Die einzigen Ausnahmen, die ich diesbezüglich erlebt habe, sind Mandanten, die zum Zeitpunkt ihrer Scheidung schon sehr alt waren. Sagen wir mal, deutlich über 70 Jahre.

Fazit: Es ist jedem möglich, in einer glücklichen Beziehung zu leben – man muss sich nur trauen

In meiner Kanzlei hängt im Eingangsbereich ein Bild von einem Hut. Dieser Hut hat ungefähr den Durchmesser eines Traktor-Reifens. Er ist also riesig. Und er soll meinen Mandanten sagen: Hier werden Sie behütet. Ich glaube nämlich, das ist es, was vielen Mandanten fehlt beziehungsweise was viele unglückliche Menschen bei ihren (oft ebenso unglücklichen) Partnern hält. Dabei ist das gar nicht nötig! In jedem steckt die Kraft, allein zurechtzukommen. Wenn man merkt, dass man mit seinem Partner nicht zusammenpasst, warum soll man bleiben? Warum soll man sich selbst die Chance nehmen, endlich den Menschen zu finden, mit dem man wirklich glücklich ist? Ich höre auf dem Weg zu Gerichtsterminen gern das Lied »Strong enough« von Cher. Dann sitze ich laut singend im Auto und ich wünsche mir, alle Menschen würden genau diese Stärke in sich spüren: Dass sie stark genug sind, ohne den Menschen zu leben, der ihnen nicht guttut. Seien Sie glücklich! Suchen Sie sich den Partner, der zu Ihnen passt! Und genießen Sie mit ihm Ihr Leben!

Es ist eigentlich ganz einfach ...

Zu Beginn haben wir überlegt, ob wir diesen Ratgeber nicht gleichermaßen für Männer und Frauen schreiben sollten.

Aber ganz ehrlich: Männer sind anders als Frauen. Während Frauen mit ihren Freundinnen von früh bis spät über Männer und Beziehungen sprechen, wollen Männer von diesem Thema lieber nichts oder zumindest möglichst wenig hören. Auch ihre Art der Auseinandersetzung nach dem Scheitern einer Beziehung ist ganz anders. Frauen wollen alles noch einmal im Detail besprechen und verarbeiten. Männer sagen lediglich, was sie an der Frau und ihrer Beziehung genervt hat. Deshalb ist es dann doch ein Buch vor allem für Frauen geworden. Für Frauen, denen ich gern eine etwas männlichere, nämlich deutlich sachlichere Sichtweise näherbringen möchte.

Wir fühlen uns ja gern einzigartig, ganz speziell und sehr besonders. Und natürlich sind wir das auch. Gleichzeitig haben wir aber auch unglaublich viele Gemeinsamkeiten und gerade Beziehungen verlaufen häufig nach demselben Muster. Eine gute Freundin, die übrigens keine Scheidungsanwältin ist, hat einmal zu mir gesagt: »Wenn du über Beziehungen sprichst, klingt das so, als würde ein Kfz-Mechaniker über Autos reden.« So schlecht finde ich diesen Vergleich gar nicht. Schließlich krankt es sowohl bei Autos wie auch in Beziehungen immer an denselben Problemen. Manche lassen sich beheben. Andere nicht. Mit Montags-Autos wird man immer Ärger haben. Und wenn der Motor futsch ist, dann braucht man ein neues. Ein Auto, das fährt. Klingt unromantisch? Stimmt. Aber manchmal ist es für die Romantik besser, Beziehungen ein bisschen unromantisch zu betrachten. Damit man sich nicht selbst die Chance verbaut, lange zu lieben …

Alle in diesem Buch geschilderten Handlungen und Personen sind frei erfunden.

Ähnlichkeiten mit lebenden oder verstorbenen Personen wären zufällig und nicht beabsichtigt.

Impressum

Ines Daun
mit Kerstin Dombrowski
Lieber lange lieben
Eine Scheidungsanwältin erklärt, wie man die Beziehung lebendig hält
ISBN: 978-3-95910-155-4

Eden Books
Ein Verlag der Edel Germany GmbH

www.edenbooks.de | www.facebook.com/EdenBooksBerlin | www.edel.com
1. Auflage 2018

Projektkoordination: Nina Schumacher
Lektorat: Palma Müller-Scherf
Umschlaggestaltung: Katja Vogt
Umschlagfoto: tawan/Shutterstock.com
Layout und Satz: Datagrafix GmbH, Berlin| www.datagrafix.com
Druck und Bindung: optimal media GmbH, Glienholzweg 7, 17207 Röbel/Müritz

Das FSC®-zertifizierte Papier *Holmen Book Cream* für dieses Buch lieferte Holmen Paper, Hallstavik, Schweden.

Printed in Germany

Dieses Buch ist auch als E-Book erhältlich.